JN297798

本当はあなどれない
中学英語
おさらい検定

晴山陽一
Yoichi Hareyama

草思社

ちょっとだけ
本書の中身をお見せします！

あなたはこの問題を解けますか？

1 | 中1レベル （　　）内を1語か2語で埋めてください。

(1) He (　　) a hat now.（彼は今帽子をかぶっています）
(2) She always (　　) glasses.（彼女はいつも眼鏡をかけています）

2 | 中2レベル quit, speak のどちらかを適切な形にして（　　）内を埋めてください。

(1) We must practice (　　) English every day.
(2) He decided (　　) the company.

3 | 中3レベル 次の文の that は省略可能ですか？

(1) This is the book that I need to write the report.
(2) Don't think that I'm only joking.

⟹ 答え：1は56ページの3と4、2は118ページの3と4、3は164ページの1と6を参照してください。

まえがき
本当はあなどれない中学英語！

私の秘密は「中学英語」！

　この本は私の125冊目の著書となります。もしも私が500冊の本を書くつもりなら、ちょうど4分の1の折り返し地点ということになります。なぜ私がこんなにたくさんの英語本を書けるのか、不思議がる人がいます。では、その秘密をお教えしましょう。

　大学を卒業して出版社に入り、私が受けた最初の業務命令は、「**中学英語をマスターせよ！**」だったのです。

　日本で出版された教科書や参考書をすべて読んだあと、私はイギリスやアメリカで出版された教材を読み込み、数年たつと500ページ近い「英文法の本」を書けるまでになっていました。この私家版の英文法の本は、ひょんなことから社長の目に留まり、あっという間に出版されて15万部のヒット作になりました。

　私は「中学英語をマスターせよ！」と命じられたおかげで、のちに100冊以上の英語本を書く素地ができたのです。私が尊敬する2人の英語の達人、松本亨先生と國弘正雄先生も、若いときに中学の英語教科書の丸暗記をやったそうです。

どうやって「中学英語」を学べばよいか？

　中学英語に大きな威力があることは確かだとして、問題は、どうやって中学英語を学ぶ（学び直す）かです。大の大人が電車の中で中学の教科書を広げるのは、ちょっと気恥ずかしいものです。それに、いくら中学英語が素晴らしいと言われても、内容が退屈で読む気がしないという人もいます。

　Nさんもその1人でした。昨年、私が東京の渋谷でトークショーを

やったとき、質問コーナーで真っ先に手を挙げたのがNさんでした。
「私の会社では、TOEICでいいスコアを出さないと昇進できません。TOEIC受験用の本を読むと、どの本にも〝中学英語からやり直せ！〞と書いてあるのですが、中学の教科書や参考書はどうしても読む気になれないのです。それでも我慢して中学英語を勉強しなくてはならないのでしょうか？」

　私はこの質問を受けたとき、Nさんのような悩みを持っている人──中学英語を再学習したいけれど、読みたい本が1冊もないと感じている人──のための書物を書こう、と心に決めました。こうして1年後に出来上がったのが、この本なのです。

本書の特徴

　この本のタイトルは、『**本当はあなどれない　中学英語おさらい検定**』です。

　このタイトルからわかるように、本書では「検定試験」の形を借りて、中学英語全般のおさらいをしていきます。

　中学英語から久しく遠ざかっている人も、

　①中学英語ってどんな内容だったっけ？
　②自分はどれくらい覚えているだろう？

という2つの興味から、退屈せずに本書を読むことができます。
　中1の学習事項を7割以上覚えていれば、中2に進むことができます。
　中2の学習事項を7割以上覚えていれば、中3に進むことができます。
　このように、いわば「すごろく」を楽しむ感覚で、中1→中2→中3と「英語のおさらい」をしてください。
　中学の参考書を読む気がしないというNさんのような読者を想定して、この「検定試験」には〝脳トレ〞のような要素を加え、クイズを楽しむよ

うな感覚で読み進められるように工夫しました。

　長い年月、中学英語と向き合ってきた私が、「この道40年」の経験と知恵を総動員して作った「検定試験」です。どうか、私と対話するようなつもりで、お読みください。

中学英語をマスターすると、どんなに「いいこと」があるか

　すでに書いたように、私が社会人になって最初に受けた指令は、「中学英語をマスターせよ！」というものでした。本書で私が読者とシェアしたいと思っているのは、同じく「中学英語をマスターせよ！」というミッションです。

　では、中学英語をマスターすると、どんな「いいこと」が起きるのでしょうか。思いつくままに列記してみましょう。

　(1) 長年の英語コンプレックスから脱却できる。
　(2) 結局、一からやり直したほうが早道であることがわかる。
　(3) 中学3年間で勉強したことが無駄でなかったことがわかる。
　(4) 初めて英語を学んだころのことを思い出すと、著しい若返り効果がある！
　(5) TOEICのスコアが上がる（TOEICの指南書が楽に読めるようになる）。
　(6) ビジネス英会話ができるようになる。
　(7) 英語を話すこと、書くことのベースができる。

ビジネス英会話の公式！

　(6)について補足しますと、ビジネス英会話は、次のような公式で定義づけることができます。

《ビジネス英会話＝中学英語＋仮定法＋あなたの専門分野の語彙》

まえがき

　なんと簡単な公式でしょう。ここで言う「中学英語」には、中学で学ぶ100ほどの文法事項、基本的な会話表現、1000ほどのボキャブラリーを含んでいます。プラス、大人の会話には「仮定法」がどうしても必要です。そして、これらのベースの上に、あなたの専門分野の語彙が加われば鬼に金棒。逆に言うと、これ以外の学習要素はバッサリ削ぎ落としても問題ありません。

　さらに、(7)について補足しますと、これからは日常会話の能力だけでなく、効果的なスピーチやプレゼンをする能力や、メールやレポートを書く能力が問われる時代になります。そこで威力を発揮するのが、中学レベルの文法と語彙なのです。中学英語は、言ってみればプランターの土のようなもの。これなくしては、いかなる植物も成長することはできません。

　本書をゲーム感覚で楽しみながら、英語の土台を築き直してください。そして、今度こそ"一生モノの英語力"を身に付けようではありませんか。中学英語を「宝の持ちぐされ」のままにしておくのは、あまりにもったいなさ過ぎます！

　最後になりますが、私の執筆を辛抱強く待ち続けてくださった草思社の吉田充子さんと、"校閲レベル"の校正をしてくださった岩崎清華さんに心よりお礼を申し上げます。お二人の情熱と誠意は、この本のすべてのページから芳しい香りのように放散しています。

　本書は、私の40年間の仕事の総決算と言ってよい記念すべき本なのです。

2013年6月　晴山陽一

この本の使い方と仕組み

この本の使い方

　私はこの検定試験を作成するにあたって、単に文法の知識を問うだけでは面白くないと思い、**語彙や発音の問題、常識問題、クイズ問題、さらには教養問題**も含めました。ドライブを楽しむような気持ちで、いろいろな問題にチャレンジしてください。

　本書の校正をしていただいた岩崎さんはバイリンガル級の英語力の持ち主ですが、この本の内容について、次のような感想を送ってくれました。「検定形式なので、中学英語のおさらいをしつつ、頭の体操にもなる語学書ですね。私もゲラを拝見しながら、楽しませていただきました！」

　試験なのに楽しい！――それが本書の最大の特徴です。

　次ページで本書の「仕組み」を詳しく説明しますが、各学年は3つのパートから成り、3年分で9つのパートで構成されています。したがって、1日に1パートずつ解いていけば、最短で9日で本書をコンプリートできることになります。もしも朝晩1パートずつ解けば、1日に2パート進みますから、最短4.5日で完成です。

　問題は必ず右ページに印刷され、裏の左ページに解答と解説を載せてあります。解答ページで答え合わせをしたのち、必ず「**何問正解？**」のところに、正解数を記入してください。パートごとに集計を行い、正解率が一定数に達していたら、次に進むことができます。

　本書は通勤や通学の途上に解くことが可能ですが、中には解答を紙に書く場合もあります。答え合わせをしたあと、正解の文を音読することをお勧めします。こうして、知識を「体に覚えさせていく」ことがとても大切です。

この本の仕組み

本書は、中1英語検定、中2英語検定、中3英語検定の3部構成です。各学年の検定試験は24問。したがって、3学年で72問です。

ただし、ひとつの学年の24問を一気にやるのは大変なので、3つのパートに分けてあります。したがって、本書の構成をまとめると次のようになります。

中1 ……… 8問×3パート　計24問
中2 ……… 8問×3パート　計24問　　　3学年計72問
中3 ……… 8問×3パート　計24問

各学年とも、1パート（8問）終わるごとに、「**中間評価**」のページを設けました。ここで、正解率から次のような判定を行います。

5割以下 ……… D判定　全問やり直し、スコア取り直し
5割～7割 ……… C判定　間違えた問題を解き、スコア取り直し
7割～9割 ……… B判定　間違えた問題を見直し、次のパートへ
9割～満点 …… A判定　合格。次のパートへ

こうして、3つのパートをやり遂げたのち、その学年の「**最終評価**」を行います。「中間評価」でやり直した最新スコアに基づき、次のような「最終評価」の判定を行います。

7割以下 ……… D判定　間違えた問題を解き、スコア取り直し
7割～8割 ……… C判定　ケアレスミスに注意して、次の学年に
8割～9割 …… B判定　取りこぼしに注意して、次の学年に
9割～満点 …… A判定　その学年の「英語マスター」!!!

このように「**中間評価＋最終評価**」の2段階で判定を行いますが、私の指示通りに進めば、必ず3年分の検定試験を完遂することができます。

本当はあなどれない 中学英語おさらい検定　目次

まえがき　　　　　　　　　　4
この本の使い方と仕組み　　　8

中1英語検定

PART 1
検定1	常識問題	17
検定2	人称代名詞	19
検定3	反意語(1)	21
検定4	現在時制の動詞の変化	23
検定5	名詞の複数形	25
検定6	反意語(2)	27
検定7	be動詞の変化	29
検定8	疑問文の形	31

PART 2
検定9	常識問題(1)	35
検定10	単数形で用いる名詞	37
検定11	常識問題(2)	39
検定12	否定文の形	41
検定13	名詞の複数形の作り方	43
検定14	a, an, the, 無冠詞	45
検定15	疑問文の作り方	47
検定16	ミックス問題	49

PART 3

検定17	単語のつづり	53
検定18	現在時制と現在進行形	55
検定19	会話でのあいづち	57
検定20	a, an, the, 無冠詞	59
検定21	疑問詞の使い方	61
検定22	不規則動詞の過去形	63
検定23	Howで始まる疑問文	65
検定24	ミックス問題	67

コラム1　「中1英語」でペラペラ大作戦！　71

中 2 英 語 検 定

PART 1

検定1	常識問題	75
検定2	前置詞	77
検定3	主に母音の発音	79
検定4	疑問文、感嘆文、命令文	81
検定5	There is/are ... の文	83
検定6	7つの基本動詞	85
検定7	反意語	87
検定8	助動詞	89

PART 2

| 検定9 | 音節とアクセント | 93 |
| 検定10 | 数えられる名詞と数えられない名詞 | 95 |

検定11	過去時制と過去進行形	97
検定12	付加疑問	99
検定13	不定詞	101
検定14	現在分詞と過去分詞	103
検定15	受け身	105
検定16	be going to, will be など	107

PART 3

検定17	接続詞	111
検定18	something, anything など	113
検定19	別の意味を持つ単語	115
検定20	不定詞と動名詞	117
検定21	比較の表し方	119
検定22	比較表現を使ったことわざ	121
検定23	every, each など	123
検定24	動詞の形	125

コラム2　ネイティブは「中学英語」で育つ！　129

中3英語検定

PART 1

検定1	数えられない名詞の数え方	133
検定2	不定詞と動名詞	135
検定3	疑問詞＋不定詞、間接疑問	137
検定4	発音しない文字	139
検定5	現在完了	141

検定6	現在完了と副詞類	143
検定7	別の意味を持つ単語	145
検定8	いろいろな時制ミックス	147

PART 2
検定9	第5文型	151
検定10	5つの基本動詞	153
検定11	数の表し方	155
検定12	前置詞	157
検定13	前置修飾と後置修飾	159
検定14	関係代名詞	161
検定15	省略できるthat	163
検定16	イディオム	165

PART 3
検定17	英単語のグループ	169
検定18	意味のある文を作る	171
検定19	文の変形	173
検定20	いろいろな受け身	175
検定21	文の意味と単語	177
検定22	英語のあいづち	179
検定23	単語の派生形	181
検定24	日英のことわざ	183

あとがき　187

中 1
英 語 検 定

中1英語は、すべての英語の基礎になります。

文の作り方（肯定文・否定文・疑問文・命令文）、

be動詞と一般動詞、現在／過去時制と進行形、冠詞、前置詞など、

英語で大事なことはほとんど中1の1年間で学んだのですね。

本当にあなどれないのは「中1英語」なのです。

＊be動詞の過去形（was/were）は中2の学習事項ですが、試験作成の都合上、本書では中1の学習事項として扱っています。

PART
1

- 検定1 　常識問題
- 検定2 　人称代名詞
- 検定3 　反意語（1）
- 検定4 　現在時制の動詞の変化
- 検定5 　名詞の複数形
- 検定6 　反意語（2）
- 検定7 　be動詞の変化
- 検定8 　疑問文の形

「中1英語」検定

検定1 常識問題

次の7つの英文の中に、文の内容が間違っているものが2つあります。どれでしょう（どの文も文法的な間違いはありません）。

1. Spring comes after winter.

2. Wednesday comes before Tuesday.

3. March comes after February.

4. Friday comes before Saturday.

5. November comes before December.

6. June comes after July.

7. Fall comes after summer.

| 解答1 | 2、6 |

解 説

1．○（春は冬のあとに来ます）

2．×（水曜日は火曜日の前に来ます）
▶正しくは、Wednesday comes after Tuesday.

3．○（3月は2月のあとに来ます）

4．○（金曜日は土曜日の前に来ます）

5．○（11月は12月の前に来ます）

6．×（6月は7月のあとに来ます）
▶正しくは、June comes before July.

7．○（秋は夏のあとに来ます）

何問正解？

／2

▼ここがポイント！

あなたの「頭の中にある知識」と「英文の内容」を照合して正解を出す、新しいタイプの問題です。普段から「日曜日は月曜日の前に来ます」とか「日曜日は土曜日のあとに来ます」のような文を（もちろん英語で）音読（＝暗唱）することをお勧めします。英語の筋トレになります。

検定2 人称代名詞

次の7つの文の( )内に適当な代名詞を入れてください。

1. Mary likes Tom. He likes (　　), too.
   (メアリーはトムが好きです。彼も彼女が好きです)

2. Jim likes Nancy. She likes (　　), too.
   (ジムはナンシーが好きです。彼女も彼が好きです)

3. How's (　　) family, Emi?
   (エミ、ご家族はお元気ですか)

4. This is (　　) treat.
   (これは僕のおごりだよ)

5. Mr. Smith is (　　) English teacher.
   (スミスさんが私たちの英語の先生です)

6. (　　) teaches (　　) twice a week.
   (彼は週2回私たちを教えます)

7. Do you know all of (　　)?
   (あなたは彼らを全員知っていますか)

| 解答2 | 1. her 2. him 3. your 4. my 5. our
6. He, us 7. them |
|---|---|

解 説

1. Mary likes Tom. He likes (her), too.
   (メアリーはトムが好きです。彼も彼女が好きです)
2. Jim likes Nancy. She likes (him), too.
   (ジムはナンシーが好きです。彼女も彼が好きです)
3. How's (your) family, Emi?
   (エミ、ご家族はお元気ですか)
4. This is (my) treat.
   (これは僕のおごりだよ)
5. Mr. Smith is (our) English teacher.
   (スミスさんが私たちの英語の先生です)
6. (He) teaches (us) twice a week.
   (彼は週2回私たちを教えます)
7. Do you know all of (them)?
   (あなたは彼らを全員知っていますか)

何問正解？

／7

▼ここがポイント！

代名詞の変化は基本中の基本です。I-my-me-mine / you-your-you-yours / he-his-him-his / she-her-her-hers / we-our-us-ours / they-their-them-theirs / it-its-it-its。最初は本を見て、慣れたら見ないで言ってみてください。

検定3 反意語（1）

次の 10 組の反意語のセットの中に、正しくない組み合わせが3つあります。どれでしょう。

1. cold - hot

2. easy - difficult

3. body - brain

4. fast - slow

5. first - second

6. good - bad

7. old - young

8. hard - soft

9. high - short

10. new - old

|解答3| 3、5、9

解 説

1. ○　cold（冷たい） - hot（熱い、暑い）
2. ○　easy（易しい） - difficult（難しい）
3. ×　body（体） - brain（脳）
    ▶ body の反意語は mind（心）か soul（魂）か spirit（精神）。
4. ○　fast（速い） - slow（遅い）
5. ×　first（最初の） - second（2番目の）
    ▶ first の反意語は last（最後の）。
6. ○　good（良い） - bad（悪い）
7. ○　old（年を取った） - young（若い）
8. ○　hard（硬い） - soft（柔らかい）
9. ×　high（高い） - short（短い）
    ▶ high の反意語は low（低い）。short は long（長い）の反意語。
10. ○　new（新しい） - old（古い）

何問正解？

／3

▼ここがポイント！

3番：brain は体の部位ですから、body の一部ということになります。brain で機能するのが mind。brain に宿るとされるのが soul や spirit ですね。5番：2人だけで競走するときは、the second（2着）と the last（ビリ）は同じ人になりますが、このような場合には last は使いません。

「中1英語」検定

検定4　現在時制の動詞の変化

次の7つの文のうち、(　　) の動詞に「3単現の -s」をつけなくてはならない場合が4つあります。どれでしょう。

1. My parents (live) in Sendai.
 (私の両親は仙台に住んでいます)

2. My father (make) coffee every morning.
 (父は毎朝コーヒーを入れます)

3. One of my friends (speak) English very well.
 (私の友達の1人は英語をとても上手に話します)

4. Ted and John (wear) glasses.
 (テッドとジョンは眼鏡をかけています)

5. My brother (work) in a farm in Nagano.
 (兄は長野の農場で働いています)

6. We (receive) many e-mails every day.
 (われわれは毎日たくさんのメールを受け取ります)

7. She (go) to the gym by bicycle.
 (彼女はジムに自転車で行きます)

| 解答4 | 2. makes   3. speaks   5. works   7. goes |

解 説

1. My parents (live) in Sendai.
 (私の両親は仙台に住んでいます)
2. My father (makes) coffee every morning.
 (父は毎朝コーヒーを入れます)
3. One of my friends (speaks) English very well.
 (私の友達の1人は英語をとても上手に話します)
4. Ted and John (wear) glasses.
 (テッドとジョンは眼鏡をかけています)
5. My brother (works) in a farm in Nagano.
 (兄は長野の農場で働いています)
6. We (receive) many e-mails every day.
 (われわれは毎日たくさんのメールを受け取ります)
7. She (goes) to the gym by bicycle.
 (彼女はジムに自転車で行きます)
 ▶ go は gos ではなく goes となります。

何問正解？

　　／4

▼ここがポイント！

有名な「3単現の -s」の問題。主語が3人称・単数 (he, she, it など) で、現在時制の文では、動詞に -s を付けるというルールです。ただし、7番の go の場合は、-es を付けていることに注意してください (発音はゴウズ)。gos とはなりません。

検定5 名詞の複数形

次の7つの文のうち、（　）の名詞を複数形にしなくてはならない場合が4つあります。正しく複数形に直してください。

1．I like (dog).

2．My father drinks a lot of (wine) every day.

3．How many (candy) do you want?

4．Please make (room) for the old man.

5．His (cat) like him very much.

6．I went to the park with one of my (friend).

7．How much (sugar) do you need?

| 解答5 | 1. dogs　3. candies　5. cats　6. friends |

解 説

1. I like (dogs).
 （私は犬が好きです）▶「〜が好き」というときは複数形を使います。

2. My father drinks a lot of (wine) every day.
 （父は毎日ワインをたくさん飲みます）

3. How many (candies) do you want?
 （キャンディーをいくつ欲しいんだい？）
 ▶キャンディーは数えられるので複数形で個数を尋ねます。

4. Please make (room) for the old man.
 （あの老人のために場所を空けてください）▶この場合の room は「空いた場所」という抽象的な意味なので、複数形にはできません。

5. His (cats) like him very much.
 （彼のネコたちは彼が大好きです）▶もしも His cat と単数形なら、後ろの動詞に likes と「3単現の -s」がつくはずです。

6. I went to the park with one of my (friends).
 （私は昨日友達の1人と公園に行きました）▶複数の友達のうちの1人なので friends と複数形。

7. How much (sugar) do you need?
 （砂糖はどれくらい必要ですか？）

何問正解？　／4

▼ここがポイント！

「数えられる名詞」と「数えられない名詞」の区別は、形が決まっているかどうかで判断するとわかりやすいでしょう。ワインや砂糖は容器によって形が変わるので、1個2個と数えることのできない「物質的な名詞」です。

「中1英語」検定

検定6 反意語（２）

次の５つずつの単語グループの中には、反意語のセットを２つ作ると余ってしまう単語が必ず１つ含まれています。その単語を〇で囲んでください。

1. after   right   between   before   left

2. poor   borrow   rich   give   lend

3. night   evening   noon   morning   day

4. north   near   south   far   west

5. work   learn   forget   teach   remember

6. wrong   clean   right   dirty   heavy

7. see   light   land   sea   dark

| 解答6 | 1. between 2. give 3. noon 4. west
5. work 6. heavy 7. see |
|---|---|

解 説

1. after（〜のあとに）と before（〜の前に）、right（右）と left（左）が反意語。
2. poor（貧しい）と rich（裕福な）、borrow（借りる）と lend（貸す）が反意語。
3. night（夜）と day（昼間）、evening（夕方）と morning（朝）が反意語。
4. north（北）と south（南）、near（近い）と far（遠い）が反意語。
5. learn（習う）と teach（教える）、forget（忘れる）と remember（覚えている）が反意語。
6. wrong（間違っている）と right（正しい）、clean（きれいな）と dirty（汚い）が反意語。
7. light（明るい）と dark（暗い）、land（陸）と sea（海）が反意語。

何問正解？

▼ここがポイント！

3番：noon（お昼の12時）の反意語は何でしょう。ちょっと意外に思われるかもしれませんが midnight（真夜中の12時）です。midnight は「真夜中、深夜」と訳されることが多いようですが、厳密には夜中の12時（0時）を指すのです。

検定7　be動詞の変化

次の7つの文で、be動詞を適切な形にして（　）の中に入れてください。

1. We (　) in Okinawa this week.
   （われわれは今週は沖縄にいます）

2. (　) your office near the station?
   （あなたのオフィスは駅の近くにありますか）

3. Here (　) a nice pair of boots.
   （ここに素敵なブーツがあります）

4. It (　) rainy yesterday.
   （昨日は雨でした）

5. What (　) those tall buildings over there?
   （あそこの背の高いビルは何ですか）

6. His students (　) all good speakers of English.
   （彼の生徒は皆英語を上手に話します）

7. (　) you busy last week?
   （先週は忙しかったですか）

解答7	1.are 2.Is 3.is 4.was 5.are 6.are 7.Were

解 説

1. We (are) in Okinawa this week.
 (われわれは今週は沖縄にいます)

2. (Is) your office near the station?
 (あなたのオフィスは駅の近くにありますか)

3. Here (is) a nice pair of boots.
 (ここに素敵なブーツがあります)

　▶ a pair of ＋複数名詞は単数扱いになることに注意。

4. It (was) rainy yesterday.
 (昨日は雨でした)

5. What (are) those tall buildings over there?
 (あそこの背の高いビルは何ですか)

6. His students (are) all good speakers of English.
 (彼の生徒は皆英語を上手に話します)

7. (Were) you busy last week?
 (先週は忙しかったですか)

何問正解？ ／7

▼ここがポイント！

be 動詞の現在形は、〈am, are, is〉の３つ。過去形は〈was, were〉の２つです。現在形と過去形を合わせて５つも姿を変える動詞は、ほかにありません。こんなところにも、動詞全体を「be 動詞」とそれ以外の「一般動詞」に分ける根拠があります。

検定8 疑問文の形

次の7つの文を、疑問文の形に変えてください。

1. She is a pop singer.

2. You live in the suburbs of Tokyo.

3. He is a pilot for JAL.

4. Your father drives to work.

5. They run a bookshop near the station.

6. They are tennis instructors.

7. She works for a publishing company.

解答&解説 8

1. Is she a pop singer?
   （彼女はポップシンガーですか）
2. Do you live in the suburbs of Tokyo?
   （あなたは東京の郊外に住んでいますか）
3. Is he a pilot for JAL?
   （彼はＪＡＬのパイロットですか）
4. Does your father drive to work?
   （あなたのお父さんは車で仕事に行きますか）
   ▶ drives が drive になることにも注意。
5. Do they run a bookshop near the station?
   （彼らは駅の近くで書店を開いていますか）
6. Are they tennis instructors?
   （彼らはテニスのインストラクターですか）
7. Does she work for a publishing company?
   （彼女は出版社に勤めていますか）
   ▶ works が work になることにも注意。

何問正解？
／7

▼ここがポイント！

「be 動詞」を用いた文は、主語と be 動詞の順番を入れ替えることで疑問文を作ります。一方、「一般動詞」を用いた文では、do, does などの助動詞の助けを借りて疑問文を作ります。こんなところにも、be 動詞と一般動詞のふるまいの違いが見て取れます。

中1 中間評価①

PART 1 の各検定問題の「何問正解?」に記入した数字(正解数)を集計してください。

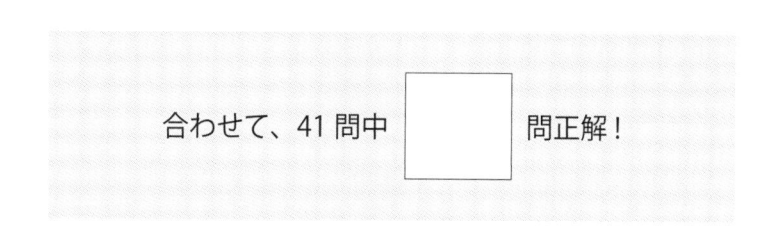

合わせて、41 問中 □ 問正解!

「中1英語」PART 1 中間評価

0〜20 問正解 ━━━━━━━━▶ **D 判定**
急がば回れ。
B 判定を目指して、もう一度問題を解き直してください。

21〜28 問正解 ━━━━━━━▶ **C 判定**
雨降って地固まる。
間違えた問題をよく復習してから、PART 2 に進みましょう。

29〜36 問正解 ━━━━━━━▶ **B 判定**
とりあえず及第です。よく覚えていましたね。
間違えた問題を見直してから、PART 2 にどうぞ!

37〜41 問正解 ━━━━━━━▶ **A 判定**
素晴らしい! 遠慮なく自慢してください。
この調子で PART 2 も片付けちゃいましょう。

PART 2

- 検定9 常識問題（１）
- 検定10 単数形で用いる名詞
- 検定11 常識問題（２）
- 検定12 否定文の形
- 検定13 名詞の複数形の作り方
- 検定14 a, an, the, 無冠詞
- 検定15 疑問文の作り方
- 検定16 ミックス問題

検定9 常識問題（１）

次の７つの英文の中に、文の内容が間違っているものが２つあります。どれでしょう（どの文も文法的な間違いはありません）。

1. A day has twenty-four hours.

2. A year has twelve months.

3. Japan has fourty-seven prefectures.

4. A second has sixty minutes.

5. A week has seven days.

6. U.S.A has fifty states.

7. A month has at least thirty days.

| 解答9 | 4、7 |

解 説

1. ○（1日は24時間です）

2. ○（1年は12ヵ月です）

3. ○（日本には47都道府県あります）

4. ×（1秒は60分です）
   ▶正しくは、A minute has sixty seconds.

5. ○（1週間は7日です）

6. ○（アメリカには50州あります）

7. ×（1ヵ月は少なくとも30日あります）
   ▶正しくは、A month has at least twenty-eight days.

何問正解？

／2

▼ここがポイント！

数に関する常識問題です。7番は、28日か29日しかない2月があるので、内容が間違っています。なお、すべての問題で、hasが使われていることに注目してください。別の言い方をすれば、There are twenty-four hours in a day. などとなります。

検定10 単数形で用いる名詞

次の7つの文で、名詞を単数形のままにして構わない文が4つあります。どれでしょう。

1. We need a lot of (salt).

2. I want a lot of (apple).

3. I need a lot of (money).

4. He received a lot of (present).

5. Do you have a lot of (time)?

6. We study a lot of (subject).

7. We have a lot of (rain) in June.

| 解答10 | 1、3、5、7 |

解 説

1. We need a lot of (salt).
   (われわれは塩がたくさん必要です)
   ▶塩は「1個、2個」と数えられない物質的な名詞です。

2. I want a lot of (apples). (リンゴがたくさん欲しいです)
   ▶apples は「1個、2個」と数えられるので apples と複数形に。

3. I need a lot of (money). (お金がたくさん必要です)
   ▶お金は抽象的なもので、「1個、2個」と数えられません。

4. He received a lot of (presents).
   (彼はたくさんのプレゼントを受け取りました)
   ▶present は「1個、2個」と数えられるので presents と複数形に。

5. Do you have a lot of (time)?
   (あなたは時間が十分ありますか)
   ▶時間は抽象的なもので、「1個、2個」と数えられません。

6. We study a lot of (subjects).
   (われわれはたくさんの科目を学んでいます)
   ▶subject は「1個、2個」と数えられるので subjects と複数形に。

7. We have a lot of (rain) in June.
   (6月には雨がたくさん降ります)
   ▶雨は抽象的なもので、「1個、2個」と数えられません。

▼ここがポイント！

「検定5」と同様、「数えられる名詞」と「数えられない名詞」に関する問題です。塩、お金、時間、雨は、決まった形があるわけではないので、1個2個と数えることができません。コインなら1枚2枚と数えられますが「お金」は抽象概念なのです。

「中1英語」検定

検定11 常識問題（２）

次の７つの文の答えで、内容に間違いのあるものが３つあります。どれでしょう（どの文も文法的な間違いはありません）。

1. What color is a lemon? — It's yellow.

2. What color is a crow? — It's green.

3. What color is milk? — It's white.

4. What color is a fire engine? — It's pink.

5. What color is a banana? — It's yellow.

6. What color is tofu? — It's white.

7. What color is salt? — It's purple.

| 解答11 | 2、4、7 |

解 説

1. ○ What color is a lemon? — It's yellow.
   (レモンは何色ですか――黄色です)
2. × What color is a crow? — It's green.
   (カラスは何色ですか――緑です)
3. ○ What color is milk? — It's white.
   (牛乳は何色ですか――白です)
4. × What color is a fire engine? — It's pink.
   (消防自動車は何色ですか――ピンクです)
5. ○ What color is a banana? — It's yellow.
   (バナナは何色ですか――黄色です)
6. ○ What color is tofu? — It's white.
   (豆腐は何色ですか――白です)
7. × What color is salt? — It's purple.
   (塩は何色ですか――紫です)

何問正解？ /3

▼ここがポイント！

常識的には、カラスは黒 (black)、消防自動車は赤 (red)、塩は白 (white) ですね。青いカラス、白い消防自動車、岩塩で薄茶色の塩などはありますが、緑のカラス、ピンクの消防自動車、紫の塩はないと思います。

「中1英語」検定

検定12 否定文の形

次の7つの文を、否定文の形に変えてください。

1. My father drinks coffee.
   (「父はコーヒーを飲みません」という文に)

2. This CD player is expensive.
   (「このＣＤプレーヤーは高くありません」という文に)

3. We live in a big house.
   (「われわれは大きな家には住んでいません」という文に)

4. English was difficult for me.
   (「英語は私には難しくありませんでした」という文に)

5. Lisa helped her mother yesterday.
   (「リサは昨日お母さんを手伝いませんでした」という文に)

6. They are our English teachers.
   (「彼らは私たちの英語の先生ではありません」という文に)

7. The restaurants were crowded.
   (「それらのレストランは混んではいませんでした」という文に)

解答&解説 12

1. My father doesn't [does not] drink coffee.
   ▶ drinks が drink になることにも注意。

2. This CD player isn't [is not] expensive.

3. We don't [do not] live in a big house.

4. English wasn't [was not] difficult for me.

5. Lisa didn't [did not] help her mother yesterday.
   ▶ helped が help になることにも注意。

6. They aren't [are not] our English teachers.

7. The restaurants weren't [were not] crowded.

何問正解？

/7

▼ここがポイント！

be 動詞を使った文では、be 動詞の後ろに not を付けるだけ。一般動詞を使った文では、助動詞 do の助けを借りて否定文を作ります。いわゆる「3 単現の -s」が付いた動詞の場合は、doesn't [does not] drink のように does を用います。

「中1英語」検定

検定13 名詞の複数形の作り方

次の7つの文で、名詞の複数形が間違っているものが5つあります。正しい複数形に直してください。

1. This book has three storys.

2. A month has four weeks.

3. They take care of seven babys.

4. I see a lot of leafs on the ground.

5. They keep ten horses in the farm.

6. I need two knifes.

7. Our town has three churchs.

解答13　1、3、4、6、7

解説

1. ×　This book has three stories.
   （この本にはお話が3つ入っています）
   ▶ storys → stories

2. ○　A month has four weeks.
   （1か月は4週間あります）

3. ×　They take care of seven babies.
   （彼らは7人の赤ちゃんの世話をしています）
   ▶ babys → babies

4. ×　I see a lot of leaves on the ground.
   （地面の上にたくさんの落ち葉が見えます）
   ▶ leafs → leaves

5. ○　They keep ten horses in the farm.
   （彼らは農場で10頭のウマを飼育しています）

6. ×　I need two knives.
   （ナイフが2本必要です）▶ knifes → knives

7. ×　Our town has three churches.
   （われわれの町には教会が3つある）
   ▶ churchs → churches

何問正解？　　／5

▼ ここがポイント！

「子音字＋y」で終わる名詞はyをiに変えて-esを付けます（1、3）。f, feで終わる名詞はf, feをvに変えて-esを付けます（4, 6）。s, x, ch, shで終わる名詞は-sではなく-esを付けます（7）。例えば、bus → buses, box → boxes など。

検定14 a, an, the, 無冠詞

次の7つの文の(　)内に、a, an, the のいずれかを入れてください。何も入らない場合は、そのままにしてください。

1. My younger brother is in (　) fifth grade.
（弟は5年生です）

2. He speaks in (　) loud voice.
（彼は大声で話します）

3. She is (　) early riser.
（彼女は早起きです）

4. I take (　) walk after (　) breakfast.
（私は朝食のあとに散歩をします）

5. He acts like (　) woman.
（彼は女性のようにふるまいます）

6. I'm (　) only child.
（私は一人っ子です）

7. He is good at (　) tennis.
（彼はテニスがうまい）

解答&解説 14

1. My younger brother is in (the) fifth grade.
   ▶「何学年に」というときには in the ～ grade を使います。
2. He speaks in (a) loud voice.
   ▶「大声で」は in a loud voice で表します。
3. She is (an) early riser.
   ▶ early は母音 [ə:(r)] で始まるので、前の冠詞は an になります。
4. I take (a) walk after (なし) breakfast.
   ▶「散歩する」は take a walk。「今日の朝食」のように特定された朝食ではないので、after breakfast と冠詞なしで表します。
5. He acts like (a) woman.
   ▶ woman は母音ではなく [w] の音で始まるので、前の冠詞は an ではなく a になります。
6. I'm (an) only child.
   ▶ only は母音 [ou] で始まるので、前の冠詞は an になります。
7. He is good at (なし) tennis.
   ▶「テニスが得意」は be good at tennis です。この場合のテニスは抽象的なスポーツ名（無冠詞）です。

何問正解？

／7

▼ここがポイント！

英語のネイティブ・スピーカーは、どんなに教養のない人でも、まず冠詞の使い方を間違えることはないそうです。マーク・ピーターセン教授は、「名詞に冠詞が付くのではなく、冠詞に名詞が付くのだ」とまでおっしゃっています。深いですね。

検定15 疑問文の作り方

次の7つの文の（　）内を尋ねる疑問文を作ってください。

1. He ate (three) hamburgers.

2. She was (seven) years old last year.

3. They played baseball (in the park).

4. He is (six feet) tall.

5. It is (8:30).

6. That bridge is (eleven meters) long.

7. She paid (800 yen) for the book.

解答&解説 15

1. How many hamburgers did he eat?
   (彼はハンバーガーをいくつ食べましたか)
   ▶ ate が eat になることにも注意。

2. How old was she last year?
   (彼女は去年何歳でしたか)

3. Where did they play baseball?
   (彼らはどこで野球をしましたか)
   ▶ played が play になることにも注意。

4. How tall is he?
   (彼の身長はどれくらいですか)

5. What time is it (now)?
   (何時ですか)

6. How long is that bridge?
   (あの橋の長さはどれくらいですか)

7. How much did she pay for the book?
   (彼女はその本にいくら払いましたか)
   ▶ paid が pay になることにも注意。

何問正解？ /7

▼ここがポイント！

1の How many は hamburgers のように、「1つ2つ」と数えられる名詞に使います。これに対し、How much は「1つ2つ」と勘定できないもの（7の場合はお金）に使います。ただし、時間の長さを尋ねるときは How long を使います。

検定16 ミックス問題

次の7つの文には間違いがあります。7つとも正しい文に書き直してください。

1. Is that park?
   (あれは公園ですか)

2. He can runs fast.
   (彼は速く走れます)

3. What you had for lunch?
   (昼食には何を食べましたか)

4. She live in Australia.
   (彼女はオーストラリアに住んでいます)

5. Goro likes musics.
   (五郎は音楽が好きです)

6. How many dog do you have?
   (あなたは何匹の犬を飼っていますか)

7. Are you Yumi? — Yes, I do.
   (「あなたはユミ?」「はい、そうです」)

解答＆解説 16

1. Is that a park?（あれは公園ですか）
   ▶ park → a park

2. He can run fast.（彼は速く走れます）
   ▶ runs → run

3. What did you have for lunch?
   （昼食には何を食べましたか）
   ▶ you had → did you have

4. She lives in Australia.
   （彼女はオーストラリアに住んでいます）
   ▶ live → lives

5. Goro likes music.
   （五郎は音楽が好きです）
   ▶ musics → music

6. How many dogs do you have?
   （あなたは何匹の犬を飼っていますか）
   ▶ dog → dogs

7. Are you Yumi? ― Yes, I am.
   （「あなたはユミ？」「はい、そうです」）
   ▶ Yes, I do. → Yes, I am.

何問正解？
　　／7

▼ここがポイント！

2番：助動詞 can のあとの動詞は、原形（辞書の見出しになっている元の形）にします。これは、3番で、What did you have の have が原形になっているのと同じ原理です。なぜなら、この文の did は、やはり助動詞だからです。

中1 中間評価②

PART 2 の各検定問題の「何問正解?」に記入した数字（正解数）を集計してください。

合わせて、42 問中 ☐ 問正解!

「中1英語」PART 2 中間評価

0 〜 21 問正解 ━━━━━━━━━━▶ **D** 判定
急がば回れ。
B 判定を目指して、もう一度問題を解き直してください。

22 〜 29 問正解 ━━━━━━━━━━▶ **C** 判定
雨降って地固まる。
間違えた問題をよく復習してから、PART 3 に進みましょう。

30 〜 37 問正解 ━━━━━━━━━━▶ **B** 判定
とりあえず及第です。よく覚えていましたね。
間違えた問題を見直してから、PART 3 にどうぞ!

38 〜 42 問正解 ━━━━━━━━━━▶ **A** 判定
素晴らしい! 遠慮なく自慢してください。
この調子で PART 3 も片付けちゃいましょう。

PART 3

- 検定17 単語のつづり
- 検定18 現在時制と現在進行形
- 検定19 会話でのあいづち
- 検定20 a, an, the, 無冠詞
- 検定21 疑問詞の使い方
- 検定22 不規則動詞の過去形
- 検定23 Howで始まる疑問文
- 検定24 ミックス問題

「中1英語」検定

検定17 単語のつづり

次の文字を並べ替えて、1つの単語にしてください。

1. kalw → (w　　　　)

2. tahb → (b　　　　)

3. wonk → (k　　　　)

4. yaelr → (e　　　　)

5. taref → (a　　　　)

6. kapes → (s　　　　)

7. civeo → (v　　　　)

8. etnirw → (w　　　　)

9. tiruga → (g　　　　)

10. nuyrgh → (h　　　　)

解答&解説 17

1. walk（歩く）
2. bath（風呂）
3. know（知る）
4. early（早い）
5. after（〜のあとで）
6. speak（話す）
7. voice（声）
8. winter（冬）
9. guitar（ギター）
10. hungry（空腹で）

何問正解？

/10

▼ここがポイント！

これは、珍しく純然たるクイズです。特に説明することもないので、余興を少々。前から読んでも後ろから読んでも同じ単語になるものがあります。例としては、eye, eve, gag, pop, noon, level など。これらは、文字を並べ替えても同じ単語になる面白い例です。

検定18 現在時制と現在進行形

日本語に合うように、(　)内を埋めてください。中に入れる単語は1語とは限りません。

1. I (　　) in Tokyo.
   (私は東京に住んでいます)

2. He (　　) in the park.
   (彼は公園を走っています)

3. She always (　　) glasses.
   (彼女はいつも眼鏡をかけています)

4. He (　　) a hat now.
   (彼は今帽子をかぶっています)

5. I (　　) some beer before dinner.
   (私は夕飯の前にビールを飲みます)

6. The baby (　　) milk now.
   (その赤ちゃんは今ミルクを飲んでいます)

7. She (　　) a nap under the tree.
   (彼女は木陰で昼寝をしています)

解答＆解説18

1. I (live) in Tokyo.（私は東京に住んでいます）
   ▶「住んでいる」という状態を表しているので現在時制。

2. He (is running) in the park.（彼は公園を走っています）
   ▶「今走っている」と進行中の動作を表しているので現在進行形。

3. She always (wears) glasses.
   （彼女はいつも眼鏡をかけています）
   ▶「いつも〜している」という習慣を表しているので現在時制。

4. He (is wearing) a hat now.（彼は今帽子をかぶっています）
   ▶「（いつもはともかく）今はかぶっている」と現在進行中の事実を表しているので現在進行形。

5. I (drink) some beer before dinner.
   （私は夕飯の前にビールを飲みます）
   ▶「いつも飲んでいる」という習慣を表しているので現在時制。

6. The baby (is drinking) milk now.
   （その赤ちゃんは今ミルクを飲んでいます）
   ▶「今飲んでいるところだ」と進行中の事実を表すので現在進行形。

7. She (is taking) a nap under the tree.
   （彼女は木陰で昼寝をしています）
   ▶「今昼寝をしているところだ」と進行中の事実を表しているので現在進行形。

何問正解？ /7

▼ここがポイント！

日本語では、「住んでいます」「走っています」と、どちらも「〜しています」と表現できるのでまぎらわしいのですが、英語では、「ちょうど今〜しているところだ」という場合には現在進行形、「今はこのような状態にある」という場合には現在時制を使います。

検定19 会話でのあいづち

次の6つの文に対する答えとして適当なものを、下の①〜⑥の中から1つずつ選んでください。

1. Can I speak to Koji, please? (　　)

2. How about lunch in Chinatown? (　　)

3. Are these CDs all yours? (　　)

4. Thank you for the invitation. (　　)

5. My grandfather has six sisters. (　　)

6. Hi, I'm Misa. (　　)

① That's right.
② You are welcome.
③ That's a great idea!
④ Nice to meet you.
⑤ Speaking.
⑥ Really?

| 解答19 | 1.⑤　2.③　3.①　4.②　5.⑥　6.④ |

解　説

1. Can I speak to Koji, please? — Speaking.
（コージと話したいのですが。――ぼくがコージだよ）
2. How about lunch in Chinatown? — That's a great idea!
（中華街で昼食はどうだい？――いいねえ！）
3. Are these CDs all yours? — That's right.
（このＣＤは全部君のかい？――その通り）
4. Thank you for the invitation. — You are welcome.
（招待してくれてありがとう。――どういたしまして）
5. My grandfather has six sisters. — Really?
（祖父は姉妹が６人もいるんだ。――ほんとかい？）
6. Hi, I'm Misa. — Nice to meet you.
（こんにちは、ミサです。――はじめまして）

何問正解？

／6

▼ここがポイント！

これも一種の常識問題です。「招待してくれてありがとう」に対し「ほんとかい？」という答えはないですよね（笑）。ですので、常識を働かせて解いてください。1のSpeaking. は、Koji is speaking.（今話しているのがコージです）を略した決まり文句です。

「中1英語」検定

検定20 a, an, the, 無冠詞

次の7つの文の（　）内に、a, an, the のいずれかを入れてください。何も入らない場合は、そのままにしてください。

1. He is out of (　　) work now.
   （彼は失業中です）

2. How many pages can you read (　　) hour?
   （あなたは1時間に何ページ読めますか）

3. Jim is (　　) honest boy.
   （ジムは正直な少年です）

4. Who is (　　) leader of this club?
   （このクラブのリーダーは誰ですか）

5. I like (　　) little birds very much.
   （私は小鳥が大好きです）

6. I am (　　) member of this group.
   （私はこのグループの一員です）

7. What is (　　) name of your school?
   （あなたの学校の名前は何ですか）

解答&解説 20

1. He is out of (なし) work now.（彼は失業中です）
   ▶「失業中です」は be out of work で表します。

2. How many pages can you read (an) hour?
   （あなたは1時間に何ページ読めますか）
   ▶「1時間に」は an hour で表します。同様に、「1日に」なら a day。

3. Jim is (an) honest boy.（ジムは正直な少年です）
   ▶ honest の h は読みません。したがって、honest は母音 [a] で始まり、前の冠詞は an になります。2 の hour も同様です。

4. Who is (the) leader of this club?
   （このクラブのリーダーは誰ですか）
   ▶クラブのリーダーは1人に特定できるので the を使います。

5. I like (なし) little birds very much.
   （私は小鳥が大好きです）▶ある動物が好きだというときは、無冠詞で複数形（この場合は birds）を使います。

6. I am (a) member of this group.
   （私はこのグループの一員です）
   ▶複数いるメンバーのうちの1人なので、a member で表します。

7. What is (the) name of your school?
   （あなたの学校の名前は何ですか）
   ▶学校の名前は1つに特定できるので the を使います。

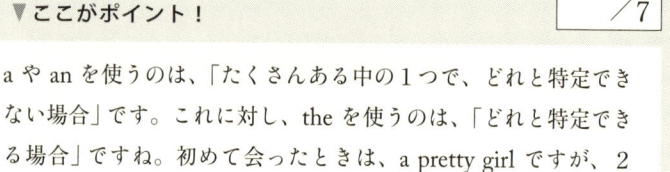

何問正解？　／7

▼ここがポイント！

a や an を使うのは、「たくさんある中の1つで、どれと特定できない場合」です。これに対し、the を使うのは、「どれと特定できる場合」ですね。初めて会ったときは、a pretty girl ですが、2度目に会ったときは、the pretty girl に早変わり！

検定21 疑問詞の使い方

次の7つの疑問文の（　）内に、下の疑問詞の中から最も適するものを1つずつ入れてください。

1.（　　　） were you absent from school yesterday?

2.（　　　） made this fruit cake?

3.（　　　） book do you recommend?

4.（　　　） do you feel about this story?

5.（　　　） did you send the e-mail?

6.（　　　） do you think about his offer?

7.（　　　） did you buy this jacket?

〔 How　What　Why　Where　When　Who　Which 〕

解答&解説 21

1. (Why) were you absent from school yesterday?
   (なぜ昨日学校を休んだのですか)
   ▶ Why を入れるのが最も自然です。

2. (Who) made this fruit cake?
   (このフルーツケーキは誰が作ったのですか)
   ▶ この文では、Who 以外は使えません。

3. (Which) book do you recommend?
   (あなたはどっちの本を薦めますか)
   ▶ 「どっちの」の意味の Which を入れるのが自然です。

4. (How) do you feel about this story?
   (この物語についてどう思いますか)
   ▶ 通常 What do you feel とは言わないので、How が入ります。

5. (When) did you send the e-mail?
   (そのメールをいつ送ったのですか)
   ▶ この文では、When を入れるのが自然です。

6. (What) do you think about his offer?
   (彼の提案についてどう考えていますか)
   ▶ How do you think ではなく、What do you think。

7. (Where) did you buy this jacket?
   (このジャケットをどこで買いましたか)

▼ ここがポイント！

何問正解？
　　／7

こういう問題は、「絶対これしか入らない！」と確信のあるものから埋めていくのがコツです。「feel は How と相性がよく、think は What と相性がいい」というのは知っていましたか。「いかに感じ、何を考えるか」なのです。動詞の語感の問題です。

検定22 不規則動詞の過去形

次の7つの文の（　）内に、下の動詞の中から1つずつ選び、過去形に変えて入れてください。

1. We (　) a strange noise last night.

2. There (　) an old church on the hill.

3. She (　) lunch for herself.

4. I (　) a cold yesterday.

5. The boy (　) a good football player.

6. I (　) a new CD of my favorite singer.

7. The school (　) at nine o'clock.

〔 catch stand buy make begin hear become 〕

解答&解説22

1. We (heard) a strange noise last night.
 (昨夜奇妙な物音を聞きました)
2. There (stood) an old church on the hill.
 (丘の上に古い教会が建っていました)
3. She (made) lunch for herself.
 (彼女は自分で昼食を作りました)
4. I (caught) a cold yesterday.
 (昨日私は風邪を引きました)
5. The boy (became) a good football player.
 (その少年はよいサッカー選手になりました)
6. I (bought) a new CD of my favorite singer.
 (私は大好きな歌手の最新CDを買いました)
7. The school (began) at nine o'clock.
 (学校は9時に始まりました)

何問正解？

/7

▼ここがポイント！

過去形と過去分詞が同形なのは、heard, stood, made, caught, bought の5つです。ほかの2つは、become-became-become, begin-began-begun のように変化し、過去形と過去分詞は別の形になります。

「中1英語」検定

検定23 Howで始まる疑問文

次の7つの疑問文の（　）内に、下の形容詞の中から最も適するものを1つずつ選んで入れてください。

1. How (　　) seasons do you have in your country?

2. How (　　) is the River Shinano?

3. How (　　) is Mt. Fuji?

4. How (　　) is that elephant?

5. How (　　) did you pay for the watch?

6. How (　　) is that tower?

7. How (　　) is your grandmother?

〔 heavy tall many long much old high 〕

解答&解説 23

1. How (many) seasons do you have in your country?
   (あなたの国では季節はいくつありますか)
2. How (long) is the River Shinano?
   (信濃川の長さはどれくらいですか)
3. How (high) is Mt. Fuji?
   (富士山の高さはどれくらいですか)
   ▶ high は「地面からの高さ」を表す形容詞ですが、人に対しては使いません。
4. How (heavy) is that elephant?
   (あのゾウはどれくらい重いですか)
5. How (much) did you pay for the watch?
   (その時計にいくら払いましたか)
6. How (tall) is that tower?
   (あの塔の高さはどれくらいですか)
   ▶ tall は tower (塔) のように細長いものや、人の身長に対して使います。
7. How (old) is your grandmother?
   (あなたのおばあさんは何歳ですか)

何問正解？

/7

▼ここがポイント！

この問題も、「絶対これしか入らない！」と確信のあるものから埋めていくと、うまくいきます。ただし、4 に old, 7 に heavy を使っても意味は通るので、このように答えた方は、敗者復活ではありませんが、正解とさせていただきます。

「中1英語」検定

検定24 ミックス問題

次の7つの文には間違いがあります。7つとも正しい文に書き直してください。

1. I walk in the park yesterday.
   (昨日公園を歩きました)

2. Every students study one foreign language.
   (どの生徒も外国語を1つ学びます)

3. Can you see that girl of short hair?
   (あの髪の短い少女が見えますか)

4. My father reads newspaper often before breakfast.
   (父は朝食前によく新聞を読みます)

5. She's our English new teacher.
   (彼女は新しい英語の先生です)

6. We clean the town in Volunteer Day.
   (私たちはボランティア・デイに町を掃除します)

7. I leave from home at seven thirty.
   (私は7時半に家を出ます)

解答＆解説 24

1. I walked in the park yesterday.
   （昨日公園を歩きました）▶過去の文なので walk → walked
2. Every student studies one foreign language.
   （どの生徒も外国語を１つ学びます）
   ▶ every のあとの名詞は単数形。動詞も「３単現の -s」がつきます。
3. Can you see that girl with short hair?
   （あの髪の短い少女が見えますか）
   ▶「髪の短い少女」は、前置詞 with（〜を持っている）で表します。
4. My father often reads newspaper before breakfast.
   （父は朝食前によく新聞を読みます）▶副詞 often は一般動詞の文では、動詞の前。ただし、be 動詞の文なら動詞のあと。
5. She's our new English teacher.
   （彼女は新しい英語の先生です）
   ▶「新しい英語の先生」は new English teacher。

何問正解？

/7

6. We clean the town on Volunteer Day.
   （私たちはボランティア・デイに町を掃除します）
   ▶「〜日に」は、in ではなく on で表します。
7. I leave home at seven thirty.（私は７時半に家を出ます）
   ▶ leave は他動詞なので、前置詞 from は不要です
   （他動詞＋目的語の形になります）。

▼ここがポイント！

every は「どの１つをとっても例外なく」というニュアンスなので、単数形の名詞を使います。太郎も次郎も三郎も……という感じです。５は形容詞の順番を問う問題です。一般に客観的な意味を表す形容詞ほど後ろ（すなわち名詞の近く）に置かれます。

中1 中間評価③

PART 3 の各検定問題の「何問正解？」に記入した数字（正解数）を集計してください。

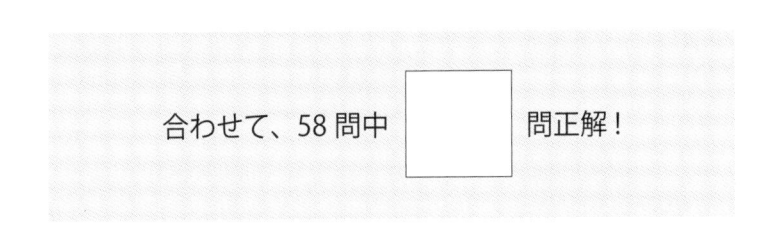

合わせて、58 問中 ☐ 問正解！

「中 1 英語」PART 3 中間評価

0 〜 29 問正解 ▶ **D 判定**
急がば回れ。
B 判定を目指して、もう一度問題を解き直してください。

30 〜 41 問正解 ▶ **C 判定**
雨降って地固まる。
間違えた問題をよく復習してから、「中 2 英語検定」に進みましょう。

42 〜 53 問正解 ▶ **B 判定**
とりあえず及第です。よく覚えていましたね。
間違えた問題を見直してから、「中 2 英語検定」にどうぞ！

54 〜 58 問正解 ▶ **A 判定**
素晴らしい！ あなたはおそらく「中 1 英語マスター」です。
次の最終評価で確かめてください。

中1 最終評価

中1の各 PART の正解数を集計してください。
*各 PART の最終スコアで判定しましょう。

PART 1 [　] 問正解　　PART 2 [　] 問正解　　PART 3 [　] 問正解

合わせて、141 問中 [　] 問正解!

「中1英語」最終評価

0〜97 問正解　　　　　　　　　　　　　　▶ D 判定
各 PART で C 判定を受けずに、ここまで進めてきた可能性があります。間違えた問題を総復習して、各 PART の判定を受け直してください。

98〜112 問正解　　　　　　　　　　　　　▶ C 判定
「中1英語」がどういうものか理解していますが、不注意によるミスが目立ちます。気を引き締めて「中2英語検定」に進みましょう。

113〜127 問正解　　　　　　　　　　　　▶ B 判定
「中1英語」を理解していますが、時々取りこぼしがあります。注意が散漫にならないように気を付け、「中2英語検定」に進みましょう。

128〜141 問正解　　　　　　　　　　　　▶ A 判定
あなたに栄えある「中1英語マスター」の称号を授与します。この調子で「中2英語検定」も片付けちゃいましょう。

「中１英語」検定

コラム1 「中１英語」でペラペラ大作戦！

　すべての英語学習者が「ペラペラ」になることを夢見ています。「ペラペラ」は遠い先の淡い夢――誰もがそう思っています。

　でも、私はこう考えます。たとえ「中１英語」でも、それを駆使して、途切れなく表情豊かに話すことができれば、あなたはもう立派に「ペラペラ」なのだ、と。これが、中学英語を学び直す"本当の醍醐味"なのです。

　話は超簡単です。**「中１英語でペラペラ」**→**「中２英語でペラペラ」**→**「中３英語でペラペラ」**を順番に目指せばいいだけなのですから。そのために中学教科書を読み込むのであれば、目的が明確なのでそんなに苦にはならないはずです。

　「ペラペラ」は遠い夢でも、かすかな望みでもありません。「中１英語」を使って堂々と話せば、今日からでもあなたは「ペラペラ大魔人」なのです。

　かつて私は、中１の教科書に載っていた次の文章に心を打たれたことがあります。どうかここでシェアさせてください。

　We're looking at the earth from the moon. It's shining beautifully over the horizon. The earth is blue and white, and very mysterious. How beautiful!
　Where's Japan? We can't see it. On the earth, people live in many different countries. But we can't see any borders. The earth looks like a peaceful planet.

　(訳) 私たちは月から地球を見ています。月の地平線の上に、地球

> は美しく輝いています。地球は青と白で、とても神秘的です。なんたる美しさ!
>   日本はどこでしょう? ここからは見えません。地球上では、人は多くの異なる国に住んでいます。しかし、国境なんて何も見えません。地球は平和に満ちた惑星に見えます。

「中1英語」でここまで説得力のある文を書けるというのは、驚きではないでしょうか。

次の話題に移りますね。先日私は、20年前に買ってそのままになっていた文庫本を本棚の隅に見つけ出して、何気なく読み始めました。著者は昔テレビの朝番組で人気者だったウィッキーさん。その本の中に、こういう文があったのです。

> Rich people are very rich and poor people are very poor in Texas.

これは、「テキサスは貧富の差が激しい」ということを、見事に「中1英語」で表した文です。難しい事柄も、「中1英語」にかみ砕く(翻訳する)ことができれば、ペラペラ話すことができるようになります。そんなわけで、ここであなたに新しいミッションを授けましょう。
「どんなことでも中1英語にかみ砕くテクニックを開発しなさい!」

そうすれば、あなたは今日からでも「ペラペラ大魔神」の仲間入りです。

本書を読むことにより、あなたは「**中1英語翻訳家**」→「**中2英語翻訳家**」→「**中3英語翻訳家**」と大変身を遂げることができます。この本は、実はあなたが「ペラペラ」になるための本だったのです。

中 2 英 語 検 定

中2では、There is/are ...、助動詞、不定詞、動名詞、受け身、
比較、be going to 〜などの重要事項がめじろ押しに並んでいます。
中2英語をマスターすれば、
英会話でほとんどのことが言えるようになります。
大人の英語への出発点は「中2英語」にあるのです。

PART 1

- 検定1 常識問題
- 検定2 前置詞
- 検定3 主に母音の発音
- 検定4 疑問文、感嘆文、命令文
- 検定5 There is/are ... の文
- 検定6 ７つの基本動詞
- 検定7 反意語
- 検定8 助動詞

「中2英語」検定

検定1 常識問題

次の7つの文の中に、内容が間違っているものが2つあります。どれでしょう（どの文も文法的な間違いはありません）。

1. Iron is a kind of metal.

2. A whale is a kind of fish.

3. A lemon is a kind of fruit.

4. Baseball is a kind of sport.

5. New York is the capital of the United States.

6. Bangkok is the capital of Thailand.

7. Beijing is the capital of China.

解答1	2、5

解 説

1. ○ Iron is a kind of metal.
   (鉄は金属の一種です)
2. × A whale is a kind of fish.
   (クジラは魚の一種です)
   ▶クジラは哺乳動物(mammal)の一種です。
3. ○ A lemon is a kind of fruit.
   (レモンは果物の一種です)
4. ○ Baseball is a kind of sport.
   (野球はスポーツの一種です)
5. × New York is the capital of the United States.
   (ニューヨークはアメリカ合衆国の首都です)
   ▶アメリカ合衆国の首都はワシントンD.C.です。
6. ○ Bangkok is the capital of Thailand.
   (バンコクはタイの首都です)
7. ○ Beijing is the capital of China.
   (北京は中国の首都です)

何問正解?

/2

▼ここがポイント!

日本人の常識と英語を話す人々の常識が異なる場合があります。例えば、英語ネイティブはトマトを果物(a soft, round red fruit)と考えます。太陽は赤ではなく黄色と考え、信号の「青」は緑と考えます。

「中2英語」検定

検定2 前置詞

次の7つの文の（　）内に、下の前置詞の中から最も適するものを1つずつ入れてください。

1. She works (　　) a tour guide.

2. Where did you go (　　) the summer vacation?

3. I'm (　　) you.

4. Let's listen (　　) his song.

5. They applied (　　) a volunteer job.

6. I went to bed (　　) 10 o'clock yesterday.

7. I asked my teacher (　　) the history of English.

〔 with　by　during　as　about　to　for 〕

解答&解説2

1. She works (as) a tour guide.
（彼女は旅行ガイドとして働いています）
2. Where did you go (during) the summer vacation?
（夏休みの間どこに行きましたか）
3. I'm (with) you.
（あなたに賛成です）
4. Let's listen (to) his song.
（彼の歌を聴きましょう）
5. They applied (for) a volunteer job.
（彼らはボランティアの仕事に申し込みました）
6. I went to bed (by) 10 o'clock yesterday.
（昨夜は10時までに就寝しました）
7. I asked my teacher (about) the history of English.
（私は英語の歴史について先生に尋ねました）

何問正解？

/7

▼ここがポイント！

listen to ～（～を聴く）、by 10 o'clock（10時までに）など、わかりやすいものから埋めていくとよいでしょう。by は「～までに」と最終期限を表します。これとまぎらわしいのは till で「～までずっと」とその時点まで継続していることを表します。

「中2英語」検定

検定3 主に母音の発音

次の4つずつの単語で、下線部の母音の発音がほかと違うものを選んで○で囲んでください。

1. co<u>u</u>ntry m<u>o</u>ther <u>au</u>nt y<u>ou</u>ng

2. d<u>au</u>ghter w<u>a</u>nt w<u>a</u>ter t<u>a</u>lk

3. w<u>o</u>rk h<u>ea</u>rt t<u>u</u>rn h<u>ea</u>rd

4. <u>a</u>rt w<u>a</u>rm c<u>ou</u>rse sh<u>o</u>rt

5. t<u>ow</u>er fl<u>ow</u>er h<u>ou</u>r t<u>ou</u>r

6. gr<u>ou</u>p l<u>o</u>se r<u>o</u>se m<u>o</u>ve

7. b<u>u</u>ild c<u>i</u>ty n<u>i</u>nth b<u>u</u>sy

8. w<u>ea</u>ther tr<u>ea</u>t t<u>ea</u>m cl<u>ea</u>n

9. f<u>a</u>mous <u>a</u>bout <u>a</u>sk <u>a</u>nimal

10. c<u>au</u>ght en<u>ou</u>gh t<u>au</u>ght br<u>ou</u>ght

解答&解説3

1. aunt（これだけ [æ]。他はすべて [ʌ]）
2. want（これだけ [ɑ]。他はすべて [ɔː]）
3. heart（これだけ [ɑː(r)]。他はすべて [əː(r)]）
4. art（これだけ [ɑː(r)]。他はすべて [ɔː(r)]）
5. tour（これだけ [uə(r)]。他はすべて [auə(r)]）
6. rose（これだけ [ou]。他はすべて [uː]）
7. ninth（これだけ [ai]。他はすべて [i]）
8. weather（これだけ [e]。他はすべて [iː]）
9. ask（これだけ [æ]。他はすべて [ə]）
10. enough（これだけ [f]。他はすべて無音）

何問正解？

/10

▼ここがポイント！

2番。wantだけ短母音で、他は長母音です。9番は、いわゆる「あいまい母音」の問題です。アクセントのない母音は、短くあいまいに発音され、これが英語の聞き取りを難しくする1つの原因となっています。10番のみ、母音の問題ではありません。なお、発音記号はすべてアメリカ英語で表しています。

検定4 疑問文、感嘆文、命令文

文末に付ける記号に注意して、次の単語または語句を並べ替えて文を作ってください。

1. 〔 is / whose / this / bag / ? 〕

2. 〔 the cable car / on / don't / here / get / . 〕

3. 〔 mountain / high / is / that / how / ! 〕

4. 〔 about / me / family / tell / your / . 〕

5. 〔 do / language / study / what / you / ? 〕

6. 〔 this / beautiful / what / flower / a / is / ! 〕

7. 〔 your / me / show / passport / . 〕

解答&解説4

1. Whose bag is this?
   (これは誰のバッグですか)
2. Don't get on the cable car here.
   (ここではケーブルカーに乗らないでください)
3. How high that mountain is!
   (あの山は何て高いのでしょう！)
4. Tell me about your family.
   (ご家族について話してください)
5. What language do you study?
   (あなたは何語を勉強していますか)
6. What a beautiful flower this is!
   (これは何て美しい花なのでしょう！)
7. Show me your passport.
   (パスポートをお見せください)

何問正解？

／7

▼ここがポイント！

言うまでもないことですが、「？」は疑問文、「！」は感嘆文の末尾に付ける記号です。2と7は「命令文」ですが、平叙文と同様、文末に付ける記号は「.」(ピリオド、終止符)です。なお、平叙文に「？」を付けて無理やり疑問文にしてしまう場合もあります。

検定5 There is/are ... の文

日本語に合うように、次の7つの文の（　）内を埋めてください。ただし、入るのは必ず2単語です。疑問文が3つあるので注意してください。

1.（　　） a lot of parks in this town.
（この町には公園がたくさんあります）

2.（　　） a lot of milk in the refrigerator.
（冷蔵庫にはバターがたくさんあります）

3.（　　） a bus stop near here?
（この近くにバス停はありますか）

4.（　　） a big bookshop near the station.
（駅の近くに大きな書店がありました）

5.（　　） any doctors on this ship?
（この船に医者は誰か乗っていますか）

6.（　　） some pianists in the contest.
（そのコンテストにはピアニストが何人かいました）

7.（　　） any students in the classroom?
（教室には誰か生徒がいましたか）

解答&解説 5

1. (There are) a lot of parks in this town.
 (この町には公園がたくさんあります)
2. (There is) a lot of butter in the refrigerator.
 (冷蔵庫にはバターがたくさんあります)
3. (Is there) a bus stop near here?
 (この近くにバス停はありますか)
4. (There was) a big bookshop near the station.
 (駅の近くに大きな書店がありました)
5. (Are there) any doctors on this ship?
 (この船に医者は誰か乗っていますか)
6. (There were) some pianists in the contest.
 (そのコンテストにはピアニストが何人かいました)
7. (Were there) any students in the classroom?
 (教室には誰か生徒がいましたか)

何問正解？
/7

▼ここがポイント！

現在時制で主語が単数なら There is 〜、主語が複数なら There are 〜ですね。また、過去時制で主語が単数なら There was 〜、主語が複数なら There were 〜となります。これらを疑問文にするときは、Is there 〜のように be 動詞を文頭に出します。

| 検定6 | 7つの基本動詞

次の7つの文の(　)内に、下の動詞の中から最も適するものを1つずつ選び、必要なら形を変えて入れてください。

1. Four and three (　　) seven.
 (4足す3で7になる)

2. (　　) this medicine twice a day.
 (この薬を1日2回飲みなさい)

3. She (　　) no sense of time.
 (彼女には時間の観念がない)

4. Where do the glasses (　　)?
 (コップはどこにしまうのですか)

5. Can you (　　) me a discount on this computer?
 (このコンピューターを値引きしてくれませんか)

6. (　　) your name here, please.
 (ここに名前をお書きください)

7. Did you (　　) his e-mail?
 (彼のメールを受け取りましたか)

〔 go　get　give　take　have　put　make 〕

解答&解説6

1. Four and three (make) seven.
   （4足す3で7になる）
   ▶ makes と s を入れる場合もあるので正解とします。
2. (Take) this medicine twice a day.
   （この薬を1日2回飲みなさい）
3. She (has) no sense of time.
   （彼女には時間の観念がない）
4. Where do the glasses (go)?
   （コップはどこにしまうのですか）
5. Can you (give) me a discount on this computer?
   （このコンピューターを値引きしてくれませんか）
6. (Put) your name here, please.
   （ここに名前をお書きください）
7. Did you (get) his e-mail?
   （彼のメールを受け取りましたか）

何問正解？

/7

▼ここがポイント！

4番は面白い表現ですね。直訳すると「コップはどこへ行くのですか」となります。「行くべき所（＝しまう場所）」が決まっている場合に、まるで自分から「行く」かのように表現するのです。6番の put は「書く」という意味を表します。

「中２英語」検定

検定7 反意語

次の 10 組の反意語のセットの中に、正しくない組み合わせが3つあります。どれでしょう。

1. light - heavy

2. deep - narrow

3. aunt - uncle

4. low - high

5. noisy - quiet

6. future - today

7. rough - smooth

8. war - peace

9. gain - lost

10. stupid - clever

| 解答7 | 2、6、9 |

解 説

1. ◯ light（軽い） - heavy（重い）
2. × deep（深い） - narrow（狭い）
    ▶ deep の反意語は shallow（浅い）。
3. ◯ aunt（おば） - uncle（おじ）
4. ◯ low（低い） - high（高い）
5. ◯ noisy（うるさい） - quiet（静かな）
6. × future（未来） - today（今日）
    ▶ future の反意語は past（過去）。
7. ◯ rough（ざらざらした） - smooth（なめらかな）
8. ◯ war（戦争） - peace（平和）
9. × gain（得る） - lost（失った）
    ▶ gain の反意語は lose（失う）。
10. ◯ stupid（愚かな） - clever（賢い）

何問正解？

/3

▼ここがポイント！

2番の narrow は「狭い」という意味ですが、幅が狭いことを表します。「世間は狭いね」を英訳するときに、It's a narrow world. と直訳してはいけません。世間が幅2メートルみたいな話になってしまいます。正しくは、It's a small world. と言います。

「中2英語」検定

検定8　助動詞

次の7つの文の（　）内に、指定された数の単語を入れなさい。

1. I (　　) be back by four o'clock.（1単語）
（4時までには戻ります）

2. (　　) I order a takeout?（1単語）
（持ち帰りの注文はできますか）

3. You (　　) call your boss right away.（1単語）
（すぐに上司に電話をしないといけません）

4. You (　　　　　　) speak Japanese here.（4単語）
（ここでは日本語を使う必要はありません）

5. (　　) I use your cellphone?（1単語）
（あなたの携帯電話を使ってもいいですか）

6. We (　　　) get there before ten o'clock.（2単語）
（10時前にそこに着かないとなりません）

7. You (　　　) drink too much.（2単語）
（飲み過ぎてはいけません）

解答&解説8

1. I (will) be back by four o'clock.（1単語）
（4時までには戻ります）
2. (Can) I order a takeout?（1単語）
（持ち帰りの注文はできますか）
3. You (must) call your boss right away.（1単語）
（すぐに上司に電話をしないといけません）
4. You (do not have to) speak Japanese here.（4単語）
（ここでは日本語を使う必要はありません）
　▶実際には、〈don't have to〉の形をよく使います。
5. (May) I use your cellphone?（1単語）
（あなたの携帯電話を使ってもいいですか）
6. We (have to) get there before ten o'clock.（2単語）
（10時前にそこに着かないとなりません）
7. You (must not) drink too much.（2単語）
（飲み過ぎてはいけません）
　▶実際には、〈mustn't〉の形をよく使います。

何問正解？　／7

▼ここがポイント！

4番：have to ～は「～しなくてはならない（～する必要がある）」ですが、否定形の do not have to ～は「～する必要はない」という意味になります。7番：must ～（～しなくてはいけない）の否定形の must not ～は「～してはならない」と禁止を表します。

中2 中間評価①

PART 1 の各検定問題の「何問正解?」に記入した数字（正解数）を集計してください。

合わせて、50問中 [　　] 問正解!

「中2英語」PART 1 中間評価

0〜25問正解 ━━━━━━━━━━▶ **D 判定**
急がば回れ。
B判定を目指して、もう一度問題を解き直してください。

26〜35問正解 ━━━━━━━━━━▶ **C 判定**
雨降って地固まる。
間違えた問題をよく復習してから、PART 2 に進みましょう。

36〜45問正解 ━━━━━━━━━━▶ **B 判定**
とりあえず及第です。よく覚えていましたね。
間違えた問題を見直してから、PART 2 にどうぞ！

46〜50問正解 ━━━━━━━━━━▶ **A 判定**
素晴らしい！ 遠慮なく自慢してください。
この調子で PART 2 も片付けちゃいましょう。

PART
2

- 検定9　音節とアクセント
- 検定10　数えられる名詞と数えられない名詞
- 検定11　過去時制と過去進行形
- 検定12　付加疑問
- 検定13　不定詞
- 検定14　現在分詞と過去分詞
- 検定15　受け身
- 検定16　be going to, will be など

「中2英語」検定

検定9 音節とアクセント

次の4つずつの単語で、アクセントの位置がほかと違うものを選んで○で囲んでください。

1. base-ball　class-mate　ho-tel　pass-port

2. gui-tar　Inter-net　Aus-tral-ia　i-de-a

3. pat-tern　home-work　or-ange　um-brel-la

4. pi-a-no　news-paper　Af-ri-ca　bas-ket-ball

5. mu-si-cian　ex-am-ple　po-lice　cof-fee

6. tel-e-vi-sion　vi-o-lin　el-e-va-tor　choc-o-late

7. ham-burg-er　web-site　fire-work　in-ter-pret-er

解答&解説9

1. ho-tél のみ第2音節にアクセント
   ▶ báse-ball, cláss-mate, páss-port
2. Ínter-net のみ第1音節にアクセント
   ▶ gui-tár, Aus-trál-ia, i-dé-a
3. um-brél-la のみ第2音節にアクセント
   ▶ pát-tern, hóme-work, ór-ange
4. pi-á-no のみ第2音節にアクセント
   ▶ néws-paper, Áf-ri-ca, bás-ket-ball
5. cóf-fee のみ第1音節にアクセント
   ▶ mu-sí-cian, ex-ám-ple, po-líce
6. vi-o-lín のみ第3音節にアクセント
   ▶ tél-e-vi-sion, él-e-va-tor, chóc-o-late
7. in-tér-pret-er のみ第2音節にアクセント
   ▶ hám-burg-er, wéb-site, fíre-work

何問正解？

／7

▼ ここがポイント！

1番：日本では「ホテル」と言いますが、英語では「ホウテル」のように発音します。2番：日本では「インターネット」と言いますが、英語では「インタネッ」のように発音されます。カタカナ言葉はアクセントが違う場合が多いので、注意が必要です。

検定10 数えられる名詞と数えられない名詞

**日本語に合うように、下の語句から最も適切なものを選んで、
(　)の中に入れてください。**

1. She bought (　) meat.
 (彼女は少量の肉を買いました)

2. Give me (　) water.
 (水を少しください)

3. He will come back in (　) days.
 (彼は数日経てば帰ってくるだろう)

4. We didn't buy (　) books.
 (私たちは本をあまりたくさん買わなかった)

5. He's a man of (　) words.
 (彼は口数の少ない男です)

6. Don't eat so (　) meat.
 (そんなにたくさん肉を食うな)

7. There is (　) hope for her recovery.
 (彼女が回復する望みはほとんどありません)

〔few, a few, little, a little, many, much, some〕

解答&解説 10

1. She bought (a little) meat.
   (彼女は少量の肉を買いました)
   ▶ a little は「少しの」。「数えられない名詞」に使います。

2. Give me (some) water.（水を少しください）
   ▶ some はこのように、「数えられない名詞」にも使います。

3. He will come back in (a few) days.
   (彼は数日経てば帰ってくるだろう)
   ▶ a few は「少しの」。「数えられる名詞」に使います。

4. We didn't buy (many) books.
   (私たちは本をあまりたくさん買わなかった)
   ▶ many は、必ず「数えられる名詞」に使います。

5. He's a man of (few) words.（彼は口数の少ない男です）
   ▶ few は「少ししか（ない）」。「数えられる名詞」に使います。

6. Don't eat so (much) meat.
   (そんなにたくさん肉を食うな)
   ▶ much は、必ず「数えられない名詞」に使います。

7. There is (little) hope for her recovery.
   (彼女が回復する望みはほとんどありません)
   ▶ little は「少ししか（ない）」。「数えられない名詞」に使います。

何問正解？ ／7

▼ここがポイント！

「中1英語」の検定5、10で「数えられる名詞」と「数えられない名詞」の区別が出てきました。many と few は「数えられる名詞」に、much と little は「数えられない名詞」に使います。some はどちらにも使うことができます。

検定11 過去時制と過去進行形

日本語に合うように、（　）内を埋めてください。中に入れる単語は1語とは限りません。

1. There (　　) a beautiful tower over there.
（あそこに美しい塔が建っていました）

2. She (　　), but she (　　) the piano now.
（彼女は歌っていましたが、今はピアノを弾いています）

3. She (　　) some French songs.
（彼女はフランス語の歌を歌いました）

4. We (　　) in the suburbs of Osaka.
（私たちは大阪の郊外に住んでいました）

5. He (　　) the guitar in front of the church then.
（そのとき彼は教会の前でギターを弾いていました）

6. I (　　) a letter at seven o'clock.
（私は7時には手紙を書いていました）

7. He (　　) a marvelous novel seven years ago.
（彼は7年前に素晴らしい小説を書きました）

解答&解説 11

1. There (stood) a beautiful tower over there.
   (あそこに美しい塔が建っていました)
   ▶「建っていました」は「建っているところでした」という進行中の動作ではないので、進行形では表しません。
2. She (was singing), but she (is playing) the piano now.
   (彼女は歌っていましたが、今はピアノを弾いています)
3. She (sang) some French songs.
   (彼女はフランス語の歌を歌いました)
4. We (lived) in the suburbs of Osaka.
   (私たちは大阪の郊外に住んでいました)
   ▶「住んでいました」は「住んでいるところでした」という進行中の動作ではないので、進行形では表しません。
5. He (was playing) the guitar in front of the church then.
   (そのとき彼は教会の前でギターを弾いていました)
6. I (was writing) a letter at seven o'clock.
   (私は7時には手紙を書いていました)
7. He (wrote) a marvelous novel seven years ago.
   (彼は7年前に素晴らしい小説を書きました)

何問正解？
　　／7

▼ここがポイント！

日本語に幻惑されてはいけません。1番：「塔が建っていました」は「男が立っていました」とは訳が違います。その時だけたまたま「〜していた」なら過去進行形ですが、ずっと「〜していた」は過去時制で表すのです。塔は立ったり座ったりしませんよね。

検定12 付加疑問

次の7つの文の末尾に、付加疑問を加えてください。それぞれの（　）には、2語ずつ入ります。

1. They were running in the park, (　　　)?
   (彼らは公園の中を走っているところだったんですよね)

2. This novel isn't interesting, (　　　)?
   (この小説は面白くないですよね)

3. He got the first prize, (　　　)?
   (彼が1等賞を取ったんですよね)

4. You are the son of Mr. Smith, (　　　)?
   (あなたはスミスさんの息子さんですよね)

5. They didn't go to Hawaii last month, (　　　)?
   (先月彼らはハワイに行かなかったんですよね)

6. You are watching TV now, (　　　)?
   (あなた方はテレビを見ているところですよね)

7. She works as a secretary, (　　　)?
   (彼女は秘書として働いているのですよね)

解答&解説 12

1. They were running in the park, (weren't they)?
   (彼らは公園の中を走っているところだったんですよね)
   ▶肯定文に付ける付加疑問は否定形を使います。

2. This novel isn't interesting, (is it)?
   (この小説は面白くないですよね)
   ▶否定文に付ける付加疑問は肯定形を使います。

3. He got the first prize, (didn't he)?
   (彼が1等賞を取ったんですよね)

4. You are the son of Mr. Smith, (aren't you)?
   (あなたはスミスさんの息子さんですよね)

5. They didn't go to Hawaii last month, (did they)?
   (先月彼らはハワイに行かなかったんですよね)
   ▶否定文に付けるので、肯定形を使っています。

6. You are watching TV now, (aren't you)?
   (あなた方はテレビを見ているところですよね)

7. She works as a secretary, (doesn't she)?
   (彼女は秘書として働いているのですよね)

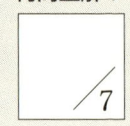

何問正解？
 /7

▼ここがポイント！

1のように、肯定文に付ける付加疑問は「否定形」を用います。逆に、2のように否定文に付ける付加疑問は「肯定形」を用いるのです。付加疑問は尻下がり（↘）に発音して「〜ですよね」と念を押したり、尻上がり（↗）に発音して「〜でしょ？」と軽く尋ねるときに使います。

検定13 不定詞

日本語に合うように、(　)に2単語を入れてください。

1. I like (to read) magazines in bed.
   (私はベッドで雑誌を読むのが好きです)

2. I need a friend (to help) me.
   (私には助けてくれる友達が必要です)

3. Tom went to the library (to borrow) some books.
   (トムは本を借りるために図書館に行きました)

4. It began (to rain) early in the morning.
   (朝早くに雨が降り出しました)

5. We are looking for a house (to rent).
   (私たちは貸家を探しています)

6. The bus stopped (to pick) up passengers.
   (バスは乗客を乗せるために止まりました)

7. There is nothing (to worry) about.
   (心配することは何もありません)

解答&解説 13

1. I like (to read) magazines in bed.
   (私はベッドで雑誌を読むのが好きです)
   ▶「読むこと（が好き）」（名詞用法）
2. I need a friend (to help) me.
   (私には助けてくれる友達が必要です)
   ▶「助けてくれる（友達）」（形容詞用法）
3. Tom went to the library (to borrow) some books.
   (トムは本を借りるために図書館に行きました)
   ▶「借りるために（行った）」（副詞用法）
4. It began (to rain) early in the morning.（朝早くに雨が降り出しました）▶「降ること（を始めた）」（名詞用法）
5. We are looking for a house (to rent).（私たちは貸家を探しています）▶「貸借りするための（家）」（形容詞用法）
6. The bus stopped (to pick) up passengers.
   (バスは乗客を乗せるために止まりました)
   ▶「乗せるために（止まった）」（副詞用法）
7. There is nothing (to worry) about.
   (心配することは何もありません)
   ▶「心配する（こと）」（形容詞用法）

▼ここがポイント！

何問正解？ ／7

to不定詞は、前置詞のtoと動詞の原形をくっつけた不思議な形をしています。そのまま取れば「～という動作に向かう」という意味を表していることになります。たとえば、I like to read magazines in bed. はベッドで雑誌を読む「のに向かう」のが好き、というように。

「中2英語」検定

検定14 現在分詞と過去分詞

下の10個の動詞を適当な形に変えて（　　）の中に入れ、次の言葉を英語にしてください。

1. 歌声　　a (　　　) voice

2. 中古車　　a (　　　) car

3. 発展途上国　　a (　　　) country

4. 人間国宝　　a (　　　) national treasure

5. 始発駅　　a (　　　) station

6. 隠しマイク　　a (　　　) mike

7. 応援団　　a (　　　) party

8. ゆで卵　　a (　　　) egg

9. スライスチーズ　　a (　　　) cheese

10. 回転ドア　　a (　　　) door

〔 live boil develop use revolve hide sing slice start cheer 〕

解答&解説 14

1. 歌声　　a (singing) voice
2. 中古車　　a (used) car
3. 発展途上国　　a (developing) country
4. 人間国宝　　a (living) national treasure
5. 始発駅　　a (starting) station
6. 隠しマイク　　a (hidden) mike
7. 応援団　　a (cheering) party
8. ゆで卵　　a (boiled) egg
9. スライスチーズ　　a (sliced) cheese
10. 回転ドア　　a (revolving) door

何問正解？

／10

▼ここがポイント！

現在分詞は「〜している」、過去分詞は「〜された」という意味を表します。したがって、1のa singing voiceは「歌っている声→歌声」ですし、2のa used carは「使われた車→中古車」という意味になります。6の「隠しマイク」は「隠されたマイク」です。

「中2英語」検定

検定15 受け身

日本語に合うように、(　)に2語以上の語句を入れてください。

1. This book (　) in German.
   (この本はドイツ語で書かれています)

2. The story (　) from real life.
   (その物語は実際の生活から取られました)

3. We (　) to the party tonight.
   (私たちは今夜そのパーティーに招待されています)

4. This picture (　) by Picasso.
   (この絵はピカソによって描かれたものではありません)

5. We (　) at the news.
   (われわれはそのニュースに驚きました)

6. These poets (　) in Japan.
   (これらの詩人は日本では知られていません)

7. The whole town (　) by the earthquake.
   (町全体がその地震で破壊されました)

解答&解説 15

1. This book (is written) in German.
  (この本はドイツ語で書かれています)
2. The story (was taken) from real life.
  (その物語は実際の生活から取られました)
3. We (are invited) to the party tonight.
  (私たちは今夜そのパーティーに招待されています)
4. This picture (was not [wasn't] painted) by Picasso.
  (この絵はピカソによって描かれたものではありません)
5. We (were surprised) at the news.
  (われわれはそのニュースに驚きました)
6. These poets (are not [aren't] known) in Japan.
  (これらの詩人は日本では知られていません)
7. The whole town (was destroyed) by the earthquake.
  (町全体がその地震で破壊されました)

何問正解？

／7

▼ここがポイント！

受け身（受動態）は〈**be動詞＋過去分詞**〉で表されます。現在時制では、「am/is/are＋過去分詞」、過去時制では「was/were＋過去分詞」の形になります。1は、実際に書かれたのは過去ですが、「ドイツ語で書かれた状態である」と現在時制で表しています。

「中2英語」検定

検定16 be going to, will be など

be 動詞を適当な形に変えて、（　）の中に入れてください。

1. They (　) going to have a meeting this afternoon.
   （彼らは午後にミーティングする予定です）

2. He will (　) a good pilot.
   （彼はよいパイロットになるでしょう）

3. These windows (　) broken by someone.
   （これらの窓は何者かによって壊された）

4. A lot of stars can (　) seen tonight.
   （今夜はたくさんの星が見えます）

5. Jack (　) going to the station then.
   （そのときジャックは駅に行こうとしていました）

6. This (　) easily explained.
   （このことは簡単に説明できます）

7. She (　) known to young people.
   （彼女は若い人々に知られていました）

解答＆解説 16

1. They (are) going to have a meeting this afternoon.
   （彼らは午後にミーティングする予定です）
   ▶〈be going to ～〉は「～する予定です、～するところです」。

2. He will (be) a good pilot.
   （彼はよいパイロットになるでしょう）
   ▶助動詞のあとは原形の be を使います。

3. These windows (were) broken by someone.
   （これらの窓は何者かによって壊された）
   ▶受け身は「be 動詞＋過去分詞」で表します。

4. A lot of stars can (be) seen tonight.
   （今夜はたくさんの星が見えます）
   ▶助動詞のあとは原形の be を使います。

5. Jack (was) going to the station then.
   （そのときジャックは駅に行こうとしていました）
   ▶〈be going to ～〉が過去時制で使われています。

6. This (is) easily explained.（このことは簡単に説明できます）
   ▶受け身は「be 動詞＋過去分詞」で表します。

7. She (was) known to young people.
   （彼女は若い人々に知られていました）
   ▶受け身は「be 動詞＋過去分詞」で表します。

何問正解？
／7

▼ここがポイント！

英語の動詞は be 動詞とそれ以外（一般動詞）に分けられます。be 動詞は、動詞として使われるだけでなく、助動詞としても使われます。進行形は「be 動詞＋～ ing」ですし、受け身は「be 動詞＋過去分詞」です。〈be going to ～〉も非常によく使われる表現です。

中2 中間評価②

PART 2 の各検定問題の「何問正解?」に記入した数字(正解数)を集計してください。

合わせて、59問中 ☐ 問正解!

「中2英語」PART 2 中間評価

0〜30問正解 ━━━━━━━━━━━▶ **D 判定**
急がば回れ。
B判定を目指して、もう一度問題を解き直してください。

31〜42問正解 ━━━━━━━━━━━▶ **C 判定**
雨降って地固まる。
間違えた問題をよく復習してから、PART 3 に進みましょう。

43〜54問正解 ━━━━━━━━━━━▶ **B 判定**
とりあえず及第です。よく覚えていましたね。
間違えた問題を見直してから、PART 3 にどうぞ!

55〜59問正解 ━━━━━━━━━━━▶ **A 判定**
素晴らしい! 遠慮なく自慢してください。
この調子で PART 3 も片付けちゃいましょう。

PART
3

- 検定17 接続詞
- 検定18 something, anything など
- 検定19 別の意味を持つ単語
- 検定20 不定詞と動名詞
- 検定21 比較の表し方
- 検定22 比較表現を使ったことわざ
- 検定23 every, each など
- 検定24 動詞の形

検定17 接続詞

次の７つの文の（　）内に、下の接続詞の中から最も適するものを１つずつ入れてください。

1. She was absent from school (　) she was sick yesterday.

2. Brush your teeth (　) you go to bed.

3. He thinks (　) he can do something for others.

4. (　) my brother came home, I was taking a bath.

5. I went to bed (　) I switched off the light.

6. (　) you are interested, please send us an e-mail.

7. Don't be noisy (　) the baby is sleeping.

〔 after that when if before while because 〕

解答&解説 17

1. She was absent from school (because) she was sick yesterday.
　（昨日彼女は具合が悪くて学校を休みました）
2. Brush your teeth (before) you go to bed.
　（寝る前に歯を磨きなさい）
3. He thinks (that) he can do something for others.
　（彼はほかの人々のために何かできると考えています）
4. (When) my brother came home, I was taking a bath.
　（弟が帰宅したとき、私は風呂に入っていました）
5. I went to bed (after) I switched off the light.
　（私は明かりを消してから、就寝しました）
6. (If) you are interested, please send us an e-mail.
　（興味があるなら、私たちにメールをお送りください）
7. Don't be noisy (while) the baby is sleeping.
　（赤ちゃんが眠っている間、音を立てないでね）

何問正解？

／7

▼ここがポイント！

because は「〜なので」、before は「〜する前に」、when は「〜した〔する〕とき」、after は「〜した後で」、if は「もし〜なら」、while は「〜している間に」という意味です。3番の that は he can 〜以下を束ねて thinks の目的語にする役目をしています。

「中２英語」検定

検定18 something, anything など

次の7つの文の（　）内に、下の単語の中から最も適するものを1つずつ入れてください。

1. I don't know (　　) about the problem.
（その問題については何も知りません）

2. There was a car accident and (　　) was injured.
（自動車事故があり、誰かが怪我をしたらしい）

3. He is professional. He knows (　　) about cooking.
（彼はプロです。料理については何でも知っています）

4. (　　) wears glasses in my class.
（私のクラスでは誰もメガネをかけていません）

5. Tell me (　　) about your family.
（あなたの家族について何か話してください）

6. (　　) of us doesn't like jeans.
（われわれの誰もジーンズが好きではありません）

7. He said (　　) about his job.
（彼は自分の仕事について何も言いませんでした）

〔 something　somebody　anything　anyone　everything　nothing　nobody 〕

解答&解説 18

1. I don't know (anything) about the problem.
   (その問題については何も知りません)
2. There was an accident and (somebody) was injured.
   (自動車事故があり、誰かが怪我をしたらしい)
3. He is professional. He knows (everything) about cooking.
   (彼はプロです。料理については何でも知っています)
4. (Nobody) wears glasses in my class.
   (私のクラスでは誰もメガネをかけていません)
5. Tell me (something) about your family.
   (あなたの家族について何か話してください)
6. (Anyone) of us doesn't like jeans.
   (われわれの誰もジーンズが好きではありません)
7. He said (nothing) about his job.
   (彼は自分の仕事について何も言いませんでした)

何問正解？

/7

▼ここがポイント！

1番：notとanyのコンビネーションで「全然～ない」という完全な否定を表します。2番：someは「該当者がいる」ということを表します。怪我をした人が確実にいたということですね。6番のanyは「どの1人をとっても例外なく」というニュアンスです。

検定19 別の意味を持つ単語

次の6組の文は、それぞれ同じ単語が別の意味で使われています。( )の中に共通する単語を入れてください。

1. a. She was very (　　).
   b. Travel is another (　　) of education.

2. a. Let's (　　) the subject.
   b. I have no small (　　) with me.

3. a. Banks usually (　　) at three o'clock.
   b. Spanish is (　　) to Portuguese.

4. a. Can you give me a (　　) to carry this chair?
   b. I don't have enough money on (　　).

5. a. This medicine will (　　).
   b. He hopes to (　　) freelance.

6. a. The (　　) of the coin was smooth.
   b. Let's talk about this (　　) to (　　).

解答&解説 19

1. a. She was very (kind).（彼女は非常に親切でした）
   b. Travel is another (kind) of education.
      （旅はまた別の教育です）
2. a. Let's (change) the subject.（話題を変えましょう）
   b. I have no small (change) with me.
      （小銭の持ち合わせがありません）
3. a. Banks usually (close) at three o'clock.
      （銀行は通常3時で閉まります）
   b. Spanish is (close) to Portuguese.
      （スペイン語はポルトガル語に近いです）
4. a. Can you give me a (hand) to carry this chair?
      （このいすを運ぶのを手伝ってくれませんか）
   b. I don't have enough money on (hand).
      （手元に十分なお金がありません）
5. a. This medicine will (work).（この薬はよく効くでしょう）
   b. He hopes to (work) freelance.
      （彼はフリーランスで働くことを希望しています）
6. a. The (face) of the coin was smooth.
      （コインの表面はなめらかでした）
   b. Let's talk about this (face) to (face).
      （これについて差し向かいで話し合いましょう）

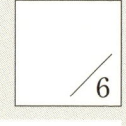

何問正解？ ／6

▼ここがポイント！

kind は「親切な、種類」、change は「変える、小銭」、close は「閉まる、近い」、hand は「援助の手」、on hand で「手元に」、work は「効く、働く」、face は「表面、顔」の意味があります。

「中2英語」検定

検定20 不定詞と動名詞

下の7つの動詞の中から最も適当なものを1つずつ選び、不定詞か動名詞の形に変えて（　）の中に入れてください。

1. We enjoyed (　) with the guests from other countries.

2. When did you finish (　) the car?

3. He decided (　) the company.

4. We must practice (　) English every day.

5. I'm fond of (　) essays.

6. I wish (　) abroad.

7. (　) books is his job.

〔 wash write sell go talk speak quit 〕

解答&解説 20

1. We enjoyed (talking) with the guests from other countries.
（私たちは外国からのゲストと話すのを楽しみました）
▶ enjoy は動名詞を目的語にします。

2. When did you finish (washing) the car?
（いつ洗車を終えたのですか）▶ finish は動名詞を目的語にします。

3. He decided (to quit) the company.
（彼は会社を辞める決意をしました）
▶ decide は不定詞を目的語にします。

4. We must practice (speaking) English every day.
（私たちは毎日英語を話す練習をしなくてはなりません）
▶ practice は動名詞を目的語にします。

5. I'm fond of (writing) essays.（私はエッセイを書くのが好きです）▶ be fond of は動名詞を目的語にします。

6. I wish (to go) abroad.
（私は外国に行きたいと願っています）
▶ wish は不定詞を目的語にします。

7. (Selling) books is his job.
（本を売るのが彼の仕事です）
▶動名詞は繰り返し行っていることを表すので、ここは動名詞を主語にするのが適切です。

何問正解？
　/7

▼ここがポイント！

enjoy, finish, practice, be fond of は動名詞を目的語にとります。これに対し、decide, wish は不定詞（to ＋動詞の原形）を目的語にとります。不定詞の to は進む先を表す前置詞なので、不定詞は「これから起こること」を表すときに使うのです。

「中２英語」検定

検定21 比較の表し方

下の7つの単語を、必要に応じて変化させて（　）に入れ、次の7つの文を完成してください。

1. This lesson is the (　　) in this textbook.
   （この課はこの教科書の中でいちばん難しいです）

2. April is as (　　) as November.
   （4月は11月と同じ長さです）

3. This dictionary is (　　) than that one.
   （この辞書はあの辞書よりも高価です）

4. You can speak English (　　) than me.
   （あなたのほうが私より上手に英語を話します）

5. September is (　　) than August.
   （9月は8月よりも短いです）

6. The bus doesn't go as (　　) as the train.
   （バスは列車ほど速く走りません）

7. Mt. Everest is the (　　) mountain in the world.
   （エベレストは世界中でいちばん高い山です）

〔 fast expensive short high long well difficult 〕

解答&解説 21

1. This lesson is the (most difficult) in this textbook.
   (この課はこの教科書の中でいちばん難しいです)
   ▶ difficult の最上級は the most 〜 の形です。

2. April is as (long) as November.
   (4月は11月と同じ長さです)
   ▶ as long as 〜で「〜と同じ長さ」という意味を表します。

3. This dictionary is (more expensive) than that one.
   (この辞書はあの辞書よりも高価です)
   ▶ expensive の比較級は more 〜 の形です。

4. You can speak English (better) than me.
   (あなたのほうが私より上手に英語を話します)
   ▶ well（上手に）の比較級は better です。

5. September is (shorter) than August.
   (9月は8月よりも短いです)

6. The bus doesn't go as (fast) as the train.
   (バスは列車ほど速く走りません)

7. Mt. Everest is the (highest) mountain in the world.
   (エベレストは世界中でいちばん高い山です)

何問正解？ ／7

▼ここがポイント！

形容詞と副詞の比較変化の問題です。4と6が副詞です。1の difficult と3の expensive は形容詞ですが、3音節以上の長い単語なので、比較級は more、最上級は most を使って表します。difficultest では、長すぎて発音しにくいからです。

検定22 比較表現を使ったことわざ

下の5つの単語を、必要に応じて変化させて（　）に入れ、次の7つのことわざを完成してください。

1. Laughter is the (　) medicine.
   （笑いこそ最良の薬）

2. Fear is (　) than love.
   （恐怖は愛よりも強い）

3. A change is as (　) as a rest.
   （変化は休止と同じくらいいいものだ）

4. The (　) thing in life is free.
   （人生で最上のものはタダである）

5. The (　) answer is doing.
   （最も短い解答は、実際にしてみせること）

6. The (　) one thinks, the (　) one speaks.
   （考えが足りないほど、人はよくしゃべる）

7. A bad excuse is (　) than none.
   （ヘタな言い訳でも何もしないよりはマシ）

〔 good strong short little much 〕

解答&解説 22

1. Laughter is the (best) medicine.
   （笑いこそ最良の薬）
   ▶この best は good の最上級です。

2. Fear is (stronger) than love.
   （恐怖は愛よりも強い）

3. A change is as (good) as a rest.
   （変化は休止と同じくらいいいものだ）

4. The (best) thing in life is free.
   （人生で最上のものはタダである）
   ▶この best は good の最上級です。

5. The (shortest) answer is doing.
   （最も短い解答は、実際にしてみせること）

6. The (less) one thinks, the (more) one speaks.
   （考えが足りないほど、人はよくしゃべる）
   ▶この less は little の比較級、more は much の比較級です。

7. A bad excuse is (better) than none.
   （ヘタな言い訳でも何もしないよりはマシ）
   ▶この better は good の比較級です。

何問正解？

／7

▼ここがポイント！

ことわざは民族の知恵の結晶です。よく意味を考えて答えてください。おまけに、1と4と6と7は形も変えなくてはならない難問ですね。good-better-best、little-less-least、much-more-most の変化に注意してください。

検定23 every, each など

日本語に合うように、下の7つの単語から最も適切なものを選んで（　）に入れてください。

1. (　　) room has a bathroom.
 （どの部屋もすべてバス付きです）

2. Would you like (　　) cup of coffee?
 （コーヒーをもう1杯いかがですか）

3. (　　) man can do two things at once.
 （同時に2つのことをできる人はいない）

4. (　　) person in his family has a car.
 （彼の家族はめいめい車を持っています）

5. There are hotels on (　　) sides of the street.
 （通りの両側にホテルがあります）

6. (　　) of my friends like winter sports.
 （私の友人はみなウィンター・スポーツが好きです）

7. Do you have any (　　) questions?
 （ほかに何か質問はありますか）

〔 no both other another every each all 〕

解答&解説 23

1. (Every) room has a bathroom.
   (どの部屋もすべてバス付きです)
2. Would you like (another) cup of coffee?
   (コーヒーをもう1杯いかがですか)
3. (No) man can do two things at once. (ことわざ)
   (同時に2つのことをできる人はいない)
4. (Each) person in his family has a car.
   (彼の家族はめいめい車を持っています)
5. There are hotels on (both) sides of the street.
   (通りの両側にホテルがあります)
6. (All) of my friends like winter sports.
   (私の友人はみなウィンター・スポーツが好きです)
7. Do you have any (other) questions?
   (ほかに何か質問はありますか)

何問正解？
／7

▼ここがポイント！

「該当範囲」を表す形容詞の問題です。同じ「すべて」でも、everyは「1つ残らずどれも」、eachは「めいめい別々に」、bothは「2つとも」、allは「全部ひっくるめて」とニュアンスが異なります。noは「1つの例外もなく～ない」という否定の強調です。

検定24 動詞の形

日本語に合うように、下から適切な動詞を選び、正しい形に変えて（　）に入れてください。

1. Susan (　　) to look at herself in the mirror.
（スーザンは鏡で自分を見るのが好きです）

2. Fred (　　) very hard to be a good doctor.
（フレッドは良い医者になるために懸命に勉強しました）

3. Bill's job is (　　) newspapers.
（ビルの仕事は新聞配達です）

4. My heart (　　) beating fast.
（私の心臓は速く打ち始めました）

5. Bob (　　) playing the guitar every day.
（ボブは毎日ギターを弾く練習をしています）

6. I'm looking forward to (　　) you.
（あなたにお会いするのが楽しみです）

7. (　　) a bicycle is not difficult.
（自転車に乗るのは難しくありません）

〔 practice ride study see like begin deliver 〕

解答&解説 24

1. Susan (likes) to look at herself in the mirror.
   （スーザンは鏡で自分を見るのが好きです）
   ▶「3単現の -s」が付いています。

2. Fred (studied) very hard to be a good doctor.
   （フレッドは良い医者になるために懸命に勉強しました）
   ▶ study の過去形は studied です。

3. Bill's job is (delivering) newspapers.
   （ビルの仕事は新聞配達です）

4. My heart (began) beating fast.
   （私の心臓は速く打ち始めました）
   ▶ begin の過去形は began です。

5. Bob (practices) playing the guitar every day.
   （ボブは毎日ギターを弾く練習をしています）

6. I'm looking forward to (seeing) you.
   （あなたにお会いするのが楽しみです）
   ▶ look forward to の目的語は動名詞になります。

7. (Riding) a bicycle is not difficult.
   （自転車に乗るのは難しくありません）

▼ここがポイント！

動詞の形の総復習です。1と5は「3単現の -s」を付けます。2と4は動詞の過去形ですが、4の begin は begin-began-begun と変化する不規則動詞です。3と6と7は「〜ing」の形にして動名詞を作ります。5の playing も動名詞です。

中2 中間評価③

PART 3 の各検定問題の「何問正解?」に記入した数字（正解数）を集計してください。

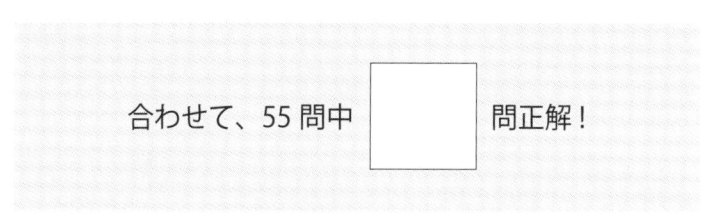

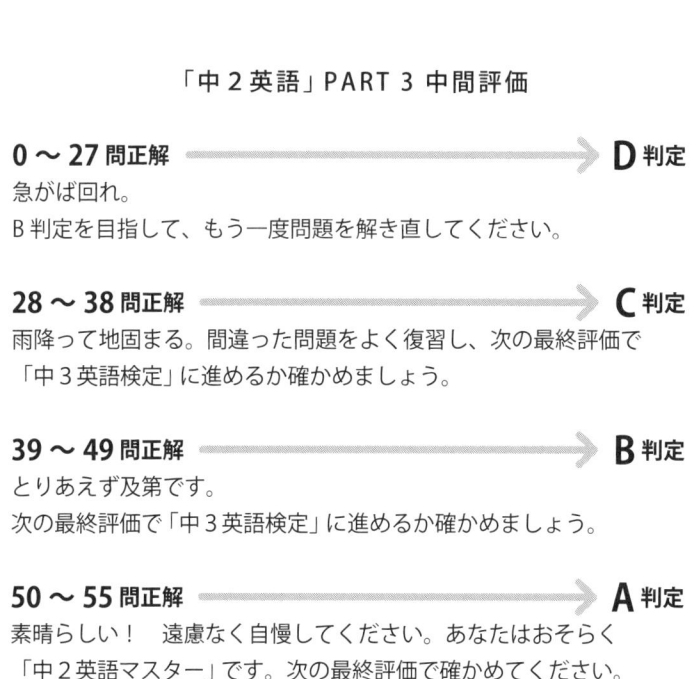

合わせて、55問中 □ 問正解！

「中2英語」PART 3 中間評価

0 〜 27 問正解 ▶ D 判定
急がば回れ。
B判定を目指して、もう一度問題を解き直してください。

28 〜 38 問正解 ▶ C 判定
雨降って地固まる。間違った問題をよく復習し、次の最終評価で
「中3英語検定」に進めるか確かめましょう。

39 〜 49 問正解 ▶ B 判定
とりあえず及第です。
次の最終評価で「中3英語検定」に進めるか確かめましょう。

50 〜 55 問正解 ▶ A 判定
素晴らしい！ 遠慮なく自慢してください。あなたはおそらく
「中2英語マスター」です。次の最終評価で確かめてください。

中2　最終評価

中2の各PARTの正解数を集計してください。
＊各PARTの最終スコアで判定しましょう。

PART 1 ☐ 問正解　　PART 2 ☐ 問正解　　PART 3 ☐ 問正解

合わせて、164問中 ☐ 問正解！

「中2英語」最終評価

0〜113 問正解　　　　　　　　　　　　▶ D 判定
各PARTでC判定を受けずに、ここまで進めてきた可能性があります。間違えた問題を総復習して、各PARTの判定を受け直してください。

114〜131 問正解　　　　　　　　　　　▶ C 判定
「中2英語」がどういうものか理解していますが、不注意によるミスが目立ちます。気を引き締めて「中3英語検定」に進みましょう。

132〜147 問正解　　　　　　　　　　　▶ B 判定
「中2英語」を理解していますが、時々取りこぼしがあります。注意が散漫にならないように気を付けて、「中3英語検定」に進みましょう。

148〜164 問正解　　　　　　　　　　　▶ A 判定
あなたに栄えある「中2英語マスター」の称号を授与します。この調子で「中3英語検定」も片付けちゃいましょう。

コラム2　ネイティブは「中学英語」で育つ！

　このタイトル、おかしなタイトルだと思った人はいませんか。
　ここで言う「中学英語」は、「日本の中学校で教えられている英語」という意味です。アメリカ人やイギリス人が、そんなものを聞いて育つわけないじゃないですか。
　でも、私はあなたが思うほどオバカな著者ではないつもりです。このタイトルで何を伝えたかったのか、ちょっと説明させてください。

「母語」という言葉があります。赤ちゃんのときから四六時中聞いて育つお母さんの言葉 (mother tongue) のことです。
　いかに英語が流暢なネイティブでも、生まれたときは英語が話せません。でも、お母さんの語りかける言葉を聞いているうちに英語を脳内にインストールし、１歳か２歳になると突然英語を話しだすのです。
　お母さんは、アナウンサーのような英語は話しません。かんで含めるように、優しく、時には厳しく、感情豊かに赤ちゃんに話しかけます。ですから、最初に赤ちゃんが感じ取るのは、単語とか文の構造とかではなく、波打つような英語の抑揚、どうしても答えたくなるような語りかけの響きなのです。ひとことで言うと、ネイティブはまず最初に英語のリズムに慣れ親しみ、英語のリズムに浸りながら成長するのです。
　私は、お母さんが使う英語に興味を持ち、「子育て英語」の本を何冊も買って分析しました。そして得た結論は、次のひとことで表すことができます。すなわち……
　ネイティブは「中学英語」で育つ！
　そうなのです。英語圏の子育てに使われる英語は、まさに「中学英語」だったのです。いくつか、例をお見せしましょう。

Do you want to go to the bathroom?（トイレに行きたいの？）

You can do better next time.（次からはちゃんとできるよね）

Let's wash your hands and go out.（手を洗って外に出ようね）

Don't cry. You're all right.（泣かないで、大丈夫よ）

I'll rub your tummy.（お腹をなでてあげるね）

Daddy is going to work, so kiss him goodbye.
（パパが会社に行くから、行ってらっしゃいのチュしてあげてね）

　まあ、こんな具合に、英語ネイティブの赤ちゃんは、朝から晩までお母さんの「中学英語」を聞いて育つのです。
　私の分析では、お母さんが使う英語の95％は「中１英語」と「中２英語」です。中３で出てくる関係代名詞や間接疑問などはあまり使いません。
　ですから、あなたも「中２英語」までをマスターすれば、立派に英語ネイティブを育てることができる"はず"なのです。
　「中学英語」の復習のつもりだったのに、ありゃりゃ、えらいことになってきましたよ！

中 3 英 語 検 定

中3では、文の構造が複雑になります。

文の中に文が組み込まれる、いわゆる「節」が数多く出てきます。

関係代名詞、間接疑問、接続詞を使った文などがそれです。

現在完了も中3で習います。中3までの英語で、

ビジネス英会話もほぼこなすことができるようになります。

PART 1

- 検定1　数えられない名詞の数え方
- 検定2　不定詞と動名詞
- 検定3　疑問詞＋不定詞、間接疑問
- 検定4　発音しない文字
- 検定5　現在完了
- 検定6　現在完了と副詞類
- 検定7　別の意味を持つ単語
- 検定8　いろいろな時制ミックス

「中3英語」検定

検定1 数えられない名詞の数え方

日本語に合わせて、下の7単語から最も適する単語を選び、必要に応じて形を変えて（　　）の中に入れてください。

1. I drank two (　　) of beer.
 （私はビールを2杯飲みました）

2. Whose is this (　　) of gloves?
 （この一組の手袋は誰のものですか）

3. I lost one (　　) of the jigsaw puzzle.
 （私はジグソーパズルのパーツを1つなくしました）

4. He ordered three (　　) of milk tea.
 （彼はミルクティーを3杯注文しました）

5. He keeps ten (　　) of wine.
 （彼はワインを10本キープしています）

6. She bought four (　　) of bread.
 （彼女はパンを4つ買いました）

7. I need some (　　) of paper.
 （私は紙が何枚か必要です）

〔 piece bottle loaf cup sheet glass pair 〕

解答&解説1

1. I drank two (glasses) of beer.
   (私はビールを2杯飲みました)
2. Whose is this (pair) of gloves?
   (この一組の手袋は誰のものですか)
3. I lost one (piece) of the jigsaw puzzle.
   (私はジグソーパズルのパーツを1つなくしました)
4. He ordered three (cups) of milk tea.
   (彼はミルクティーを3杯注文しました)
5. He keeps ten (bottles) of wine.
   (彼はワインを10本キープしています)
6. She bought four (loaves) of bread.
   (彼女はパンを4つ買いました)
7. I need some (sheets) of paper.
   (私は紙が何枚か必要です)

何問正解？

／7

▼ここがポイント！

数えたい中身が液体なら、a glass of(コップ1杯の)、a cup of(カップ1杯の)、a bottle of (ビン1本の)。「1組の」なら a pair of、何かを構成する1単位なら a piece of。薄いペラペラ状なら a sheet of、ひと塊なら a loaf of を使います。

検定2 不定詞と動名詞

日本語に合わせて、(　)の中に適切な語句を入れてください（1単語とは限りません）。

1. I am glad (　　) that.
   (それを聞いてうれしいです)

2. Let's enjoy (　　) original songs.
   (オリジナルの歌を作って楽しみましょう)

3. It is fun (　　) wild animals.
   (野生動物を見るのは楽しいです)

4. I want (　　) English at that party.
   (私はそのパーティーで英語を使ってみたい)

5. (　　) is one thing, and (　　) another.
   (言うのと行うのは別のこと)

6. The boy was too short (　　) the button.
   (その少年はボタンに触れるには背が低すぎました)

7. It was impossible for her (　　) others.
   (彼女にとってほかの人を手伝うなんて不可能でした)

解答&解説2

1. I am glad (to hear) that.
   (それを聞いてうれしいです)
2. Let's enjoy (making) original songs.
   (オリジナルの歌を作って楽しみましょう)
   ▶ enjoy は動名詞を目的語にします。
3. It is fun (to watch) wild animals.
   (野生動物を見るのは楽しいです)
   ▶ to watch 以下がこの文の主語ですが、長すぎるので身代わりの主語 (It) で文を始めています。7も同様です。
4. I want (to use) English at that party.
   (私はそのパーティーで英語を使ってみたい)
5. (Saying) is one thing, and (doing) another. (ことわざ)
   (言うのと行うのは別のこと)
6. The boy was too short (to touch) the button.
   (その少年はボタンに触れるには背が低すぎました)
   ▶〈too ～ to ...〉で「・・・するには～すぎる」という表現です。
7. It was impossible for her (to help) others.
   (彼女にとって他の人を手伝うなんて不可能でした)

何問正解？ /7

▼ここがポイント！

「不定詞と動名詞」の使い分けは中2でも出てきましたが、ここでは中3レベルの発展事項を含めて出題してあります。1の be glad to ～は「～してうれしい」と感情の原因を表しています。3と7は「It ～ to ...」の文です。

検定3 疑問詞＋不定詞、間接疑問

日本語に合わせて、（　）の中に適切な疑問詞を入れてください。

1. They didn't know (　) to treat children.
（彼らは子どもたちの扱い方がわかりませんでした）

2. I didn't know (　) to say to the poor girl.
（私はそのかわいそうな女の子に何と言ったらいいかわかりませんでした）

3. Please show me (　) I am on this map.
（この地図上で私がどこにいるのか教えてください）

4. Tell me (　) to turn over the omelet.
（いつオムレツをひっくり返したらいいか教えてください）

5. Please explain (　) I should pay the money.
（どうしてその金を払わなくてはいけないのか説明してください）

6. He taught me (　) the black hole is.
（ブラックホールとは何なのか彼は教えてくれました）

7. I wonder (　) broke my cellphone.
（私の携帯電話を壊したのは誰なんだろう）

解答&解説3

1. They didn't know (how) to treat children.
   (彼らは子どもたちの扱い方がわかりませんでした)
   ▶ how to ～（いかに～するか、～のしかた）。

2. I didn't know (what) to say to the poor girl.
   (私はそのかわいそうな女の子に何と言ったらいいかわかりませんでした)
   ▶ what to ～（何を～するか）。

3. Please show me (where) I am on this map.
   (この地図上で私がどこにいるのか教えてください)
   ▶ 3、5、6、7は「間接疑問」です。

4. Tell me (when) to turn over the omelet.
   (いつオムレツをひっくり返したらいいか教えてください)
   ▶ when to ～（いつ～するか）。

5. Please explain (why) I should pay the money.
   (どうしてその金を払わなくてはいけないのか説明してください)

6. He taught me (what) the black hole is.
   (ブラックホールとは何なのか彼は教えてくれました)

7. I wonder (who) broke my cellphone.
   (私の携帯電話を壊したのは誰なんだろう)

▼ここがポイント！

「疑問詞＋不定詞」はいろいろな疑問詞で作れるコンビネーションです。how to ～なら「いかに～するか」、what to ～なら「何を～するか」です。ただし、why to という形はないので、5のように「間接疑問」（文の中に組み込まれた疑問文）にします。

検定4 発音しない文字

次の4組ずつの単語で、下線部を発音する単語が1つだけ含まれています。どれでしょう。

1. doub<u>t</u>　clim<u>b</u>　prover<u>b</u>　bom<u>b</u>

2. si<u>g</u>n　forei<u>g</u>n　campai<u>g</u>n　si<u>g</u>nature

3. <u>h</u>our　<u>h</u>oney　<u>h</u>onest　<u>g</u>host

4. <u>k</u>nock　<u>k</u>nowledge　<u>k</u>nife　<u>k</u>itchen

5. Chris<u>t</u>mas　lis<u>t</u>en　fas<u>t</u>er　fas<u>t</u>en

6. <u>w</u>rite　<u>w</u>ould　<u>w</u>rong　s<u>w</u>ord

7. g<u>u</u>itar　b<u>u</u>ild　b<u>u</u>sy　g<u>u</u>ard

解答&解説 4

1. proverb [b]（ことわざ）

2. signature [g]（サイン）

3. honey [h]（はちみつ）

4. kitchen [k]（台所）

5. faster [t]（より速い、より速く）

6. would [w]（will の過去形）

7. busy [i]（忙しい）

何問正解？

／7

▼ここがポイント！

発音しない文字のことを「黙字」といいます。1のb、2のg、3のh、4のk、5のt、6のw、7のuは、解答を除く残りの3単語ではすべて黙字です。数のtwoのwも黙字ですが、twelveやtwentyになると[w]の音で発音します。数が大きくなると黙っていられないのです（笑）。

「中3英語」検定

検定5 現在完了

日本語に合わせて、(　) の中に適切な語句を入れてください (1単語とは限りません)。

1. I (　　) just (　　) the report.
   (私はちょうどレポートを書いたところです)

2. He (　　) already (　　) the ticket.
   (彼はすでにその切符を購入しました)

3. Jane (　　) absent for more than a week.
   (ジェーンは1週間以上欠席しています)

4. I (　　) this car since 2010.
   (私は2010年からこの車を使っています)

5. I (　　) him twice.
   (彼とは2度会ったことがあります)

6. Taro (　　) to London four times.
   (太郎はロンドンに4度行ったことがあります)

7. We (　　) never (　　) a UFO.
   (私たちはUFOを見たことがありません)

解答&解説 5

1. I (have) just (written) the report.
   (私はちょうどレポートを書いたところです)
2. He (has) already (bought) the ticket.
   (彼はすでにその切符を購入しました)
3. Jane (has been) absent for more than a week.
   (ジェーンは1週間以上欠席しています)
4. I (have used) this car since 2010.
   (私は2010年からこの車を使っています)
5. I (have seen) him twice.
   (彼とは2度会ったことがあります)
6. Taro (has been) to London four times.
   (太郎はロンドンに4度行ったことがあります)
7. We (have) never (seen) a UFO.
   (私たちはUFOを見たことがありません)

何問正解？

　　／7

▼ここがポイント！

いよいよ「現在完了」の登場です。1と2は「～したところだ」と「完了」を表し、3と4は「ずっと～している」と「継続」を表し、5以降は「～したことがある」と「経験」を表します。ただし、7は否定文なので「～したことはない」（未経験）の場合です。

検定6 現在完了と副詞類

日本語に合わせて、（　）の中に適切な語句を入れてください（1単語とは限りません）。

1. Have you (　) seen a ghost?
（あなたは幽霊を見たことがありますか）

2. Peter has not realized his mistake (　).
（ピーターはまだ自分のミスに気づいていません）

3. I have (　) been to Hokkaido before.
（私はこれまで北海道に行ったことがありません）

4. Have you finished breakfast (　)?
（もう朝食は済ませましたか）

5. (　) have you been here?
（どれくらいここにいるのですか）

6. They have lived next to us (　) last year.
（彼らは昨年から隣に住んでいます）

7. I have (　) seen the news on TV.
（そのニュースはたった今テレビで見ました）

解答&解説6

1. Have you (ever) seen a ghost?
（あなたは幽霊を見たことがありますか）
2. Peter has not realized his mistake (yet).
（ピーターはまだ自分のミスに気づいていません）
3. I have (never) been to Hokkaido before.
（私はこれまで北海道に行ったことがありません）
4. Have you finished breakfast (yet)?
（もう朝食は済ませましたか）
5. (How long) have you been here?
（どれくらいここにいるのですか）
6. They have lived next to us (since) last year.
（彼らは昨年から隣に住んでいます）
7. I have (just) seen the news on TV.
（そのニュースはたった今テレビで見ました）

何問正解？

/7

▼ここがポイント！

1と3は「経験」を表し、2と4と7は「完了」を表し、5と6は「継続」を表す現在完了です。yetは2のように否定文で使われると「まだ〜していない」、4のように疑問文で使われると「もう〜しましたか」という意味になります。

検定7 別の意味を持つ単語

次の6組の文は、それぞれ同じ単語が別の意味で使われています。（　）の中に共通する単語を入れてください。

1. a. How would you (　　) a glass of beer?
   b. It's just (　　) him to talk to you (　　) that.

2. a. Do you (　　) if I sit next to you?
   b. Why has she changed her (　　)?

3. a. I would like to (　　) my thanks to you all.
   b. I went to Hakone by (　　).

4. a. It may (　　) strange, but it is true.
   b. This orchestra has an excellent (　　).

5. a. They sell a complete (　　) of Natsume Soseki.
   b. My brother (　　) a ladder against the wall.

6. a. What did they (　　) their first daughter?
   b. May I have your (　　), please?

解答&解説7

1. a. How would you (like) a glass of beer?
(ビールを1杯いかがですか)

   b. It's just (like) him to talk to you (like) that.
(あなたにそんなふうに言うなんて、いかにも彼らしい)

2. a. Do you (mind) if I sit next to you?
(隣に座ってもいいですか)

   b. Why has she changed her (mind)?
(彼女はどうして心変わりしたのだろう)

3. a. I would like to (express) my thanks to you all.
(皆さんに感謝の言葉を述べたいと思います)

   b. I went to Hakone by (express).
(私は箱根へ急行で行きました)

4. a. It may (sound) strange, but it is true.
(奇妙に聞こえるかもしれないが、それは本当のことです)

   b. This orchestra has an excellent (sound).
(このオーケストラは素晴らしい音を出す)

5. a. They sell a complete (set) of Natsume Soseki.
(あの店で夏目漱石全集を売っている)

   b. My brother (set) a ladder against the wall.
(兄は壁にはしごを立てかけた)

6. a. What did they (name) their daughter?
(彼らは娘に何という名前をつけたのですか)

   b. May I have your (name), please?
(お名前をいただけますか)

▼ここがポイント！

何問正解？ /6

この問題はパズル的に楽しんで解いてください。

「中3英語」検定

検定8 いろいろな時制ミックス

日本語に合わせて、（　）の中に適当な語句を入れてください（1単語とは限りません）。

1. This house (　　) in 2007.
   （この家は 2007 年に建てられた）

2. They (　　) their house yet.
   （彼らはまだ家を建てていません）

3. We (　　) a new tower.
   （われわれは新しい塔を建てているところです）

4. He (　　) his house in 1995.
   （彼は 1995 年に家を建てました）

5. They (　　) the city hall last year.
   （彼らは昨年市役所を建設中でした）

6. She (　　) a cottage in a forest.
   （彼女は森の中に小さな別荘を建てるつもりです）

7. I (　　) give you my address.
   （私の住所をお教えしましょう）

解答＆解説 8

1. This house (was built) in 2007.
　（この家は 2007 年に建てられた）
2. They (haven't built) their house yet.
　（彼らはまだ家を建てていません）
3. We (are building) a new tower.
　（われわれは新しい塔を建てているところです）
4. He (built) his house in 1995.
　（彼は 1995 年に家を建てました）
5. They (were building) the city hall last year.
　（彼らは昨年市役所を建設中でした）
6. She (is going to build) a cottage in a forest.
　（彼女は森の中に小さな別荘を建てるつもりです）
　▶〈be going to ～〉は「～するつもりになっている」ということ。
7. I (will) give you my address.
　（私の住所をお教えしましょう）
　▶この will は自分の意向を表しています。will は、いま思いついた事柄を表すときによく使います。

何問正解？

　　／7

▼ここがポイント！

build という動詞をいろいろな時制で使う問題です。時制に着目すると、1は過去時制（受け身）、2は現在完了（否定文）、3は現在進行形、4は過去時制、5は過去進行形、6は〈be going to ～〉、7は will を用いた未来表現です。

中3 中間評価①

PART 1 の各検定問題の「何問正解？」に記入した数字（正解数）を集計してください。

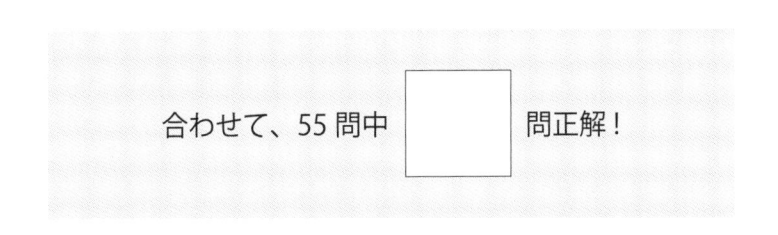

合わせて、55問中 ☐ 問正解！

「中3英語」PART 1 中間評価

0 〜 28 問正解 ━━━━━━━━▶ **D 判定**
急がば回れ。
B 判定を目指して、もう一度問題を解き直してください。

29 〜 38 問正解 ━━━━━━━━▶ **C 判定**
雨降って地固まる。
間違えた問題をよく復習してから、PART 2 に進みましょう。

39 〜 49 問正解 ━━━━━━━━▶ **B 判定**
とりあえず及第です。よく覚えていましたね。
間違えた問題を見直してから、PART 2 にどうぞ！

50 〜 55 問正解 ━━━━━━━━▶ **A 判定**
素晴らしい！ 遠慮なく自慢してください。
この調子で PART 2 も片付けちゃいましょう。

PART 2

- 検定9　第5文型
- 検定10　5つの基本動詞
- 検定11　数の表し方
- 検定12　前置詞
- 検定13　前置修飾と後置修飾
- 検定14　関係代名詞
- 検定15　省略できるthat
- 検定16　イディオム

「中3英語」検定

検定9　第5文型

make, call, name の3つの動詞のどれかを（　　）の中に入れ、文を完成してください（入れるときに形を少し変える場合があります）。

1. His friends (　　) him Bob.
 （彼の友人は彼をボブと呼んでいます）

2. We (　　) him our captain.
 （われわれは彼をキャプテンにしました）

3. The parents (　　) the baby Betty.
 （その両親は赤ちゃんにベティーという名前をつけました）

4. This street is (　　) the Ginza.
 （この通りは銀座通りと呼ばれています）

5. Our boss (　　) the young woman his secretary.
 （われわれの上司はその若い女性を秘書にしました）

6. How do your family (　　) you?
 （ご家族はあなたをどう呼んでいるのですか）

7. Her kind words (　　) me happy.
 （彼女の温かい言葉が私を幸せにした）

解答&解説 9

1. His friends (call) him Bob.
   (彼の友人は彼をボブと呼んでいます)
2. We (made) him our captain.
   (われわれは彼をキャプテンにしました)
3. The parents (named) the baby Betty.
   (その両親は赤ちゃんにベティーという名前をつけました)
4. This street is (called) the Ginza.
   (この通りは銀座通りと呼ばれています)
5. Our boss (made) the young woman his secretary.
   (われわれの上司はその若い女性を秘書にしました)
6. How do your family (call) you?
   (ご家族はあなたをどう呼んでいるのですか)
7. Her kind words (made) me happy.
   (彼女の温かい言葉が私を幸せにした)

何問正解？

／7

▼ここがポイント！

1の〈call 人＋名詞〉は「人を〜と呼ぶ」、2の〈make 人＋名詞〉は「人を〜にする」、3の〈name 人＋名詞〉は「人を〜と名づける」。中学では、使役動詞や知覚動詞は原則として出てきません。7は〈make 人＋形容詞〉ですが「人を〜の状態にする」という意味です。

検定10 5つの基本動詞

下の5つの基本動詞から、最も適したものを選んで（　）の中に入れ、文を完成してください（入れるときに形を少し変える場合があります）。

1. I (　) a pain here.
（ここが痛いです）

2. He (　) me a push.
（彼は私を押しのけました）

3. I (　) a job.
（私は就職しました）

4. I (　) a taxi to the station.
（私は駅までタクシーを使いました）

5. Let's (　) a talk.
（話し合いましょう）

6. I (　) a promise to go shopping with her on Sunday.
（私は彼女と日曜日に買い物に行く約束をしました）

7. When did you (　) to know her?
（彼女とはいつ知り合いになったのですか）

〔 give take make have get 〕

解答&解説10

1. I (have) a pain here.
   (ここが痛いです)
   ▶ have a pain は「痛みがある」。

2. He (gave) me a push.
   (彼は私を押しのけました)

3. I (got) a job.
   (私は就職しました)

4. I (took) a taxi to the station.
   (私は駅までタクシーを使いました)
   ▶ take は乗り物を利用するときに使います。

5. Let's (have) a talk.
   (話し合いましょう)

6. I (made) a promise to go shopping with her on Sunday.
   (私は彼女と日曜日に買い物に行く約束をしました)
   ▶ make a promise は「約束をする」。

7. When did you (get) to know her?
   (彼女とはいつ知り合いになったのですか)
   ▶ get to ＋動詞の原形で「～するようになる」。

何問正解？
／7

▼ここがポイント！

日常英会話は、たった100語のやさしい単語で60％カバーできるそうです。特に、give、take、make、have、getの5つの基本動詞をどれくらい使いこなせるかで、英会話の能力に大きな差が出ます。何はなくともこの5動詞、と考えながら英語を話しましょう。

「中3英語」検定

検定11 数の表し方

(　)の中を埋めて、次の8つの数字を英語で表してください。

1. 1,000　　　　one (　　)

2. 3,000,000　　three (　　)

3. $\frac{2}{3}$　　　　　two (　　)

4. $\frac{3}{4}$　　　　　three (　　)

5. 6 + 2 = 8　　Six (　　) two is eight.（4文字で）

6. 6 − 2 = 4　　Six (　　) two is four.

7. 6 × 2 = 12　 Six (　　) two is twelve.

8. 6 ÷ 2 = 3　　Six (　　) by two is three.

解答&解説 11

1. 1,000　　　　one (thousand)
   ▶ 1,000 は thousand。

2. 3,000,000　　three (million)
   ▶ 100万は million。300万でも millions と複数形にはしません。

3. $\frac{2}{3}$　　　　　two (thirds)
   ▶「3分の1が2つ」という言い方です。

4. $\frac{3}{4}$　　　　　three (quarters)
   ▶「4分の1」は quarter です。

5. 6 + 2 = 8　　Six (plus) two is eight.

6. 6 − 2 = 4　　Six (minus) two is four.

7. 6 × 2 = 12　Six (times) two is twelve.

8. 6 ÷ 2 = 3　　Six (divided) by two is three.

何問正解？　／8

▼ここがポイント！

ミリオンセラーと言えば、「100万部を越えるベストセラー」のことですから、million は「100万」です。5番の足し算は、Six (and) two is eight. という言い方もあります。8番の割り算は、直訳すると「2で割られた6は3である」となります。

検定12 前置詞

日本語に合うように、(　)の中に前置詞を入れてください。

1. The sun is high (　　) the horizon.
   (太陽は地平線のはるか上に出ています)

2. The sun is (　　) the horizon.
   (太陽は地平線に接しています)

3. There are a lot of cherry trees (　　) the river.
   (川沿いにたくさんの桜の木が並んでいます)

4. He is walking (　　) the street.
   (彼は道を横断中です)

5. The train ran (　　) the tunnel.
   (列車はトンネルを走り抜けました)

6. The meeting will be over (　　) 10 o'clock.
   (ミーティングは10時までには終わるでしょう)

7. The meeting lasted (　　) 11 o'clock.
   (ミーティングは11時まで続きました)

解答&解説 12

1. The sun is high (above) the horizon.
   (太陽は地平線のはるか上に出ています)
   ▶ above は「離れて〜の上方に」。

2. The sun is (on) the horizon.
   (太陽は地平線に接しています) ▶ on は「〜に接して」。

3. There are a lot of cherry trees (along) the river.
   (川沿いにたくさんの桜の木が並んでいます)
   ▶ along は「〜に沿って」。

4. He is walking (across) the street.
   (彼は道を横断中です) ▶ across は「〜を横切って」。

5. The train ran (through) the tunnel.
   (列車はトンネルを走り抜けました)
   ▶ through は「〜を貫いて」。

6. The meeting will be over (by) 10 o'clock.
   (ミーティングは10時までには終わるでしょう)
   ▶ by は「〜までには」と最終期限を表します。

7. The meeting lasted (till) 11 o'clock.
   (ミーティングは11時まで続きました)
   ▶ till は「〜までずっと」とそれまで継続していることを表します。

何問正解？ ／7

▼ここがポイント！

1の above は「離れて上のほうに」、2の on は「接して上に」で、太陽の位置がはっきり違います。on は接触を表す前置詞なので、「上」とは限りません。よく使われる例ですが、A fly is on the ceiling. は「天井にハエがとまっている」という意味です。

「中3英語」検定

検定13 前置修飾と後置修飾

下の7つの動詞を適当な形に変えて（　　）内に入れ、意味の通る英文を完成してください。

1. Don't wake the (　　) baby.

2. I ate a (　　) egg for lunch.

3. Look at that star (　　) above the hill.

4. This is a diary (　　) by a famous poet.

5. I'm looking for a pillow (　　) with feathers.

6. Who is that girl (　　) at you?

7. This is the typewriter (　　) by my grandfather.

〔 boil smile write use sleep fill shine 〕

解答&解説 13

1. Don't wake the (sleeping) baby.
   (眠っている赤ちゃんを起こさないでください)
2. I ate a (boiled) egg for lunch.
   (私は昼食にゆで卵を食べました)
   ▶「ゆで卵」は a boiled egg。
3. Look at that star (shining) above the hill.
   (丘の上に輝いているあの星をご覧なさい)
4. This is a diary (written) by a famous poet.
   (これは有名な詩人が書いた日記です)
5. I'm looking for a pillow (filled) with feathers.
   (私は羽の詰まった枕を探しています)
   ▶ filled with ~で「~でいっぱいの」。
6. Who is that girl (smiling) at you?
   (あなたに微笑みかけているあの少女は誰ですか)
7. This is the typewriter (used) by my grandfather.
   (これは祖父が使っていたタイプライターです)
   ▶ a used typewriter と言えば「中古のタイプライター」。

何問正解？

/7

▼ここがポイント！

1と3と6は「~している」という意味を表す「現在分詞」が名詞を修飾しています。6は、Who is that girl (who is) smiling at you? の ( ) 内が省略されたと考えるとわかりやすいでしょう。
2、4、5、7は過去分詞で「~された」という意味を表しています。

検定14 関係代名詞

関係代名詞 which, who, whose のいずれかを（ ）に入れて、文を完成してください。

1. I have a friend (   ) can speak four languages.

2. Is that the girl (   ) father is a politician?

3. The clock (   ) I bought yesterday was out of order.

4. The boy (   ) broke my bicycle ran away.

5. I met a boy (   ) pet was a chameleon.

6. Have you already seen the e-mail (   ) came this morning?

7. He (   ) goes against the fashion is himself its slave.

解答&解説 14

1. I have a friend (who) can speak four languages.
 （私には4カ国語を話せる友達がいます）
2. Is that the girl (whose) father is a politician?
 （あれが父親が政治家の少女ですか）
3. The clock (which) I bought yesterday was out of order.
 （昨日買った時計は故障していました）
4. The boy (who) broke my bicycle ran away.
 （私の自転車を壊した少年は逃げ去りました）
5. I met a boy (whose) pet was a chameleon.
 （私はカメレオンをペットにしている少年に会いました）
6. Have you already seen the e-mail (which) came this morning?
 （けさ届いたメールはもう見ましたか）
7. He (who) goes against the fashion is himself its slave.
 （流行に逆らう者も流行の奴隷である）（ことわざ）

何問正解？

/7

▼ここがポイント！

1のwhoはheまたはsheの代わり。2のwhoseはherの代わり。3のwhichはI bought itの目的語itの代わり。4のwhoはheの代わり。5のwhoseはhisの代わり。6のwhichはitの代わり。7のwhoはheの代わりです。節を引っ張りながら直前の名詞を後ろから説明しています。

「中3英語」検定

検定15 省略できるthat

次の7つの文の that で、省略可能なものはどれでしょう（複数あります）。

1. This is the book **that** I need to write the report.

2. I know **that** he is telling a lie.

3. Ann has a cat **that** can't catch mice.

4. I'll show you the pictures **that** I took in Paris.

5. This is the factory **that** made this computer.

6. Don't think **that** I'm only joking.

7. Lisa has a dog **that** sleeps all day.

解答 15	1、2、4、6

解 説

1. This is the book (that) I need to write the report.
   (これがレポートを書くために必要な本です)
   ▶目的格の関係代名詞は省略可能。
2. I know (that) he is telling a lie. (彼がウソをついていることを私は知っている) ▶この文の接続詞 that は省略可能。
3. Ann has a cat that can't catch mice.
   (アンはネズミを捕ることのできないネコを飼っています)
4. I'll show you the pictures (that) I took in Paris.
   (パリで撮った写真をお見せしましょう)
   ▶目的格の関係代名詞は省略可能。
5. That is the factory that made this computer.
   (あれがこのコンピューターを作った工場です)
6. Don't think (that) I'm only joking.
   (私がただ冗談を言っているだけだと思うなよ)
   ▶この文の接続詞 that は省略可能。
7. Lisa has a dog that sleeps all day.
   (リサは一日中寝てばかりいる犬を飼っています)

何問正解？
／4

▼【ここがポイント！

省略可能な that には2種類あります。①I think that 〜などの文で使われる接続詞の that（2と6）。②目的語の役割を果たしている関係代名詞の that（1と4）。3、5、7の関係代名詞 that は主語の役割を果たしているので省略できません。

検定16 イディオム

下の7つの語句から最も適するものを選んで(　)の中に入れ、意味の通る英文を完成してください。

1. I didn't go out (　) the storm.

2. There were flowers (　) tulips and violets in the garden.

3. She calls me (　) once a day.

4. He spends half a day (　) a computer.

5. This writer is (　) his good humor.

6. They loved (　) very much.

7. The company is (　) the center of the city.

① in front of　② such as　③ each other　④ at least
⑤ located in　⑥ because of　⑦ known for

| 解答16 | 1.⑥ 2.② 3.④ 4.① 5.⑦ 6.③
7.⑤

解 説

1. I didn't go out (because of) the storm.
 (私は嵐のため出かけませんでした)
2. There were flowers (such as) tulips and violets in the garden.
 (その庭にはチューリップやスミレなどの花が咲いていました)
3. She calls me (at least) once a day.
 (彼女は1日に少なくとも1度は電話してきます)
4. He spends half a day (in front of) a computer.
 (彼はコンピューターの前で半日は過ごしています)
5. This writer is (known for) his good humor.
 (この作家は優れたユーモアで知られています)
6. They loved (each other) very much.
 (彼らは互いに深く愛し合っていました)
7. The company is (located in) the center of the city.
 (その会社は市の中心部に位置しています)

何問正解？

／7

▼ここがポイント！

1の because of ~は「~のため」、2の such as ~は「~などのような」、3の at least は「少なくとも」、4の in front of ~は「~の前で」、5の be known for ~は「~で知られている」、6の each other は「互いに」、7の be located in ~は「~に位置している」。

中3 中間評価②

PART 2 の各検定問題の「何問正解?」に記入した数字(正解数)を集計してください。

合わせて、54問中 ☐ 問正解!

「中3英語」PART 2 中間評価

0 〜 27 問正解 ───────────────▶ D 判定
急がば回れ。
B 判定を目指して、もう一度問題を解き直してください。

28 〜 38 問正解 ───────────────▶ C 判定
雨降って地固まる。
間違えた問題をよく復習してから、PART 3 に進みましょう。

39 〜 49 問正解 ───────────────▶ B 判定
とりあえず及第です。よく覚えていましたね。
間違えた問題を見直してから、PART 3 にどうぞ!

50 〜 54 問正解 ───────────────▶ A 判定
素晴らしい! 遠慮なく自慢してください。
この調子で PART 3 も片付けちゃいましょう。

PART
3

- 検定17 英単語のグループ
- 検定18 意味のある文を作る
- 検定19 文の変形
- 検定20 いろいろな受け身
- 検定21 文の意味と単語
- 検定22 英語のあいづち
- 検定23 単語の派生形
- 検定24 日英のことわざ

検定17 英単語のグループ

次の4つずつの単語の中に、1つだけ違和感のある単語が含まれています。それはどの単語でしょう。

1. president business manager director

2. plan project schedule knowledge

3. cash goods sample pack

4. policy party neighbor democracy

5. lose join link tie

6. language technology sentence joke

7. traffic access treatment airline

解答&解説 17

1. business（商売）→他は「肩書」に関する言葉。

2. knowledge（知識）→他は「計画」に関する言葉。

3. cash（現金）→他は「商品」に関する言葉。

4. neighbor（隣人）→他は「政治」に関する言葉。

5. lose（失う）→他は「つながること」に関する言葉。

6. technology（技術）→他は「言葉」に関する言葉。

7. treatment（扱い）→他は「交通」に関する言葉。

何問正解？

／7

▼ここがポイント！

これは想像力を問う問題です。中3ともなると、個々の単語を覚える段階から、単語同士の連関に気づく段階にレベルアップしてきます。4つの単語を何度も音読していると、違和感のある1単語に気づくはずです。

検定18 意味のある文を作る

1〜7に続ける文の後半として最も適するものを、下の①〜⑦の中から1つずつ選んでください。

1. He often visits the museum (　　　　)
2. I'll pick you up at five (　　　　)
3. He was late for school (　　　　)
4. I don't think (　　　　)
5. He went to work (　　　　)
6. I don't know (　　　　)
7. He didn't explain (　　　　)

① who's coming to the party.
② that death is the end of everything.
③ if you like.
④ why I should go alone.
⑤ because he didn't set the alarm clock.
⑥ when he comes to London.
⑦ though he still had a little fever.

解答 18　1. ⑥　2. ③　3. ⑤　4. ②　5. ⑦　6. ①
　　　　　7. ④

解　説

1. He often visits the museum (when he comes to London.)
（彼はロンドンに来るとしばしば博物館を訪れる）
2. I'll pick you up at five (if you like.)
（もしよろしければ、5時にお迎えに行きます）
3. He was late for school (because he didn't set the alarm clock.)
（目覚ましをかけなかったので、彼は学校に遅刻してしまいました）
4. I don't think (that death is the end of everything.)
（死がすべての終わりだとは思っていません）
5. He went to work (though he still had a little fever.)
（まだ少し熱はありましたが、彼は仕事に行きました）
6. I don't know (who's coming to the party.)
（誰がパーティーに来るのか私は知りません）
7. He didn't explain (why I should go alone.)
（なぜ私が1人で行かなくてはならないのか、彼は説明してくれませんでした）

何問正解？
　／7

▼ここがポイント！

「中3英語」の最大の特徴は、複文（文の中に節を2つ含む文）が増えることです。接続詞を使った文（1～5）や、間接疑問（6～7）が、その代表です。ここでは取り上げませんでしたが、関係代名詞も文の中に節を作ります。

「中3英語」検定

検定19 文の変形

次の4つの文を、指示に従って2通りに書き換えてください。

1. Lisa lives in the suburbs of Sapporo.
   ① Yes/No で答えられる疑問文に。
   ② Who で始まる疑問文に。

2. Peter has lived in Tokyo for three years.
   ① Where で始まる疑問文に。
   ② How long で始まる疑問文に。

3. How many books do you have in your bag?
   ①主語を he に変えて。
   ② books を money に変えて。

4. What's your hardest subject?
   ① hard を easy に変えて。
   ② hard を interesting に変えて。

解答&解説 19

1. ① Does Lisa live in the suburbs of Sapporo?
   ② Who lives in the suburbs of Sapporo?
   ▶ lives の「-s」を入れましたか？

2. ① Where has Peter lived for three years?
   ② How long has Peter lived in Tokyo?

3. ① How many books does he have in his bag?
   ▶ does, he, his の３カ所が変わります。
   ② How much money do you have in your bag?

4. ① What's your easiest subject?
   ② What's your most interesting subject?

何問正解？

/8

▼ここがポイント！

Yes/No で答えられる疑問文を「一般疑問文」、疑問詞で始まる疑問文を「特殊疑問文」と呼ぶことがあります。３の②は、moneyは「１つ２つ」と数えられない名詞なので、How many を How much に変える必要があります。４は最上級の作り方の復習です。

検定20 いろいろな受け身

下の7つの単語（すべて過去分詞）から1つずつ選んで（　）の中に入れ、意味の通る英文にしてください。

1. Our picnic was (　　) by the rain.

2. How much money is (　　)?

3. One of the legs of this chair is (　　).

4. This ham is (　　) by weight.

5. I was (　　) in the rain on the way.

6. My uncle is easily (　　).

7. I was (　　) at the sad news.

〔 broken excited spoiled shocked sold left caught 〕

解答&解説 20

1. Our picnic was (spoiled) by the rain.
   (われわれのピクニックは雨で台無しになりました)
2. How much money is (left)?
   (どれくらいお金が余っているのですか)
3. One of the legs of this chair is (broken).
   (このいすの脚の1つが壊れています)
4. This ham is (sold) by weight.
   (このハムは目方売りです)
5. I was (caught) in the rain on the way.
   (私は途中で雨に遭いました)
6. My uncle is easily (excited).
   (叔父はすぐに興奮します)
7. I was (shocked) at the sad news.
   (私はその悲しい知らせを聞いてショックを受けました)

何問正解？

　／7

▼ここがポイント！

日本語では「受け身」で言わないのに、英語では「受け身」で表現する場合があります。「台無しになる」「余っている」「壊れている」「目方売り」「雨に遭う」「興奮する」「ショックを受ける」を、すべて受け身で表していることに注意してください。

検定21 文の意味と単語

（　）の中に単語を入れて、意味の通る文を完成してください。（　）の中の文字は頭文字を、文末の数字は入れる単語の文字数を表しています。

1. Many Japanese (e　) with chopsticks. (3)

2. We use a (d　) when we want to know what a word means. (10)

3. We have a (r　) season called *tsuyu* which comes before summer. (5)

4. (P　) is a feeling of fear which is so great that you cannot think what to do. (5)

5. People who are (s　) only think about themselves. (7)

6. Your (b　) is the air you take into and let out of your lungs. (6)

7. An (e　) is one person or thing that shows what the rest of the group is like. (7)

> 解答&解説 21

1. Many Japanese (eat) with chopsticks.
 (多くの日本人は箸でものを食べます)
2. We use a (dictionary) when we want to know what a word means.(言葉の意味を知りたいときに辞書を使います)
3. We have a (rainy) season called *tsuyu* which comes before summer.(夏の前に梅雨という名の雨季がやってきます)
4. (Panic) is a feeling of fear which is so great that you cannot think what to do.
 (パニックとは、あまりにも強烈で何をしていいかわからなくなる恐怖感です)
5. People who are (selfish) only think about themselves.
 (わがままな人は自分のことしか考えません)
6. Your (breath) is the air you take into and let out of your lungs.
 (呼吸とは、肺から入ったり出たりする空気のことです)
7. An (example) is one person or thing that shows what the rest of the group is like.
 (例とは、ほかの仲間がどのようなものかわかる人や物のことです)

何問正解？
□／7

▼ここがポイント！

日本語訳の助けを借りずに、英文の意味を深く考えて答えを推理する高度な問題です。たとえば、2番なら、「言葉の意味を知りたいときに使う」のは、そう、「辞書」ですよね。7番はイギリスの子ども用の辞書に出ていた英文です。

検定22 英語のあいづち

次の6つの言葉に対するあいづちとして適するものを、下の①～③の中から選んでください。1つのあいづちを2回使います。

1. My sister is in the hospital. (　　)

2. I should get up early next morning. (　　)

3. I won the lottery! (　　)

4. Ken speaks more than five languages. (　　)

5. I should stop smoking soon. (　　)

6. I can't come to the party. I have a terrible cold. (　　)

① That's amazing!
② I'm sorry to hear that.
③ Good luck!

| 解答22 | 1.②　2.③　3.①　4.①　5.③　6.② |

解　説

1. My sister is in the hospital. ― I'm sorry to hear that.
　（妹が入院中です。――お気の毒に）
2. I should get up early next morning. ― Good luck!
　（明日は早起きしないと。――頑張って！）
3. I won the lottery! ― That's amazing!
　（くじが当たった！――すごーい！）
4. Ken speaks more than five languages. ― That's amazing!
　（ケンは5ヵ国語を話すんだ。――すごーい！）
5. I should stop smoking soon. ― Good luck!
　（すぐに喫煙をやめないと。――頑張って！）
6. I can't come to the party. I have a terrible cold. ― I'm sorry to hear that.
　（パーティーには行けません。ひどい風邪を引いてしまって――お気の毒に）

▼ここがポイント！

That's amazing! は相手が驚くほど素晴らしいことを言ったとき（3、4）、I'm sorry to hear that. は慰めが必要な残念なことを言ったとき（1、6）、Good luck! は相手を励ますとき（2、5）に使います。

検定23 単語の派生形

次の10単語を指示に従って変えてください。

1. decide　　名詞に　→(　　)

2. fly　　　　名詞に　→(　　)

3. invite　　名詞に　→(　　)

4. care　　　形容詞に　→(　　)

5. danger　　形容詞に　→(　　)

6. difficult　名詞に　→(　　)

7. beautiful　名詞に　→(　　)

8. easy　　　副詞に　→(　　)

9. sad　　　　名詞に　→(　　)

10. angry　　名詞に　→(　　)

解答&解説 23

1. decide（決める） → decision（決定）
2. fly（飛ぶ） → flight（飛行）
3. invite（招く） → invitation（招待）
4. care（注意） → careful（注意深い）
5. danger（危険） → dangerous（危険な）
6. difficult（難しい） → difficulty（困難）
7. beautiful（美しい）→ beauty（美）
8. easy（簡単な） → easily（簡単に）
9. sad（悲しい） → sadness（悲しみ）
10. angry（怒って） → anger（怒り）

何問正解？ ／10

▼ここがポイント！

中学英語から高校英語への橋渡しを意図した問題です。大学受験や社会人のボキャビルで、語源や派生語を利用して英単語を覚えると効率がいいことを多くの人が認めています。decisionやdifficultyは、大学入試に出てきてもおかしくない単語です。

「中3英語」検定

検定24 日英のことわざ

意味のよく似た日英のことわざが7組あります。下の単語から1つずつ選んで（　）に入れ、英文を完成してください（形を変えなくてはならない単語が2つあります）。

1. 二度あることは三度ある。
   One loss brings (　　).

2. 楽あれば苦あり。
   A man of pleasure is a man of (　　).

3. 亀の甲より年の功。
   Age and experience teach (　　).

4. 泣きっ面に蜂。
   Misfortunes seldom come (　　).

5. 言わぬが花。
   Hear and see and say (　　).

6. 知らぬが仏。
   He who knows nothing (　　) nothing.

7. 安物買いの銭失い。
   Buy cheap and (　　) your money.

〔 alone doubt another wisdom waste pain nothing 〕

解答&解説 24

1. 二度あることは三度ある。
   One loss brings (another). (1つの損は別の損を招く)
2. 楽あれば苦あり。
   A man of pleasure is a man of (pains).
   (楽しむ人は苦しむ人でもある) ▶ pain → pains
3. 亀の甲より年の功。
   Age and experience teach (wisdom).
   (年齢と経験は知恵を授ける)
4. 泣きっ面に蜂。
   Misfortunes seldom come (alone).
   (不幸はめったに単独ではやってこない)
5. 言わぬが花。
   Hear and see and say (nothing). (聞いて見て、話すな)
6. 知らぬが仏。
   He who knows nothing (doubts) nothing.
   (何も知らない者は何も疑わない) ▶ doubt → doubts
7. 安物買いの銭失い。
   Buy cheap and (waste) your money.
   (安物買いはお金を無駄にする)

何問正解？

／7

▼ここがポイント！

日英のことわざの発想の微妙な違いを楽しむつもりで解いてください。4番の「不幸はめったに単独ではやってこない」という英語のことわざは、逆から見ると「不幸は連れ立って訪れる」ということで「泣きっ面に蜂」となるわけです。

中3 中間評価③

PART 3 の各検定問題の「何問正解？」に記入した数字（正解数）を集計してください。

合わせて、59 問中 ☐ 問正解！

「中3英語」PART 3 中間評価

0 〜 29 問正解 ━━━━━━━━━▶ **D 判定**
急がば回れ。
B 判定を目指して、もう一度問題を解き直してください。

30 〜 42 問正解 ━━━━━━━━━▶ **C 判定**
雨降って地固まる。
間違えた問題をよく復習してください。

43 〜 54 問正解 ━━━━━━━━━▶ **B 判定**
とりあえず及第です。よく覚えていましたね。
間違えた問題を見直して自分の弱点を把握しましょう。

55 〜 59 問正解 ━━━━━━━━━▶ **A 判定**
素晴らしい！　遠慮なく自慢してください。あなたはおそらく「中3英語マスター」です。次の最終評価で確かめてください。

中3 最終評価

中3の各PARTの正解数を集計してください。
＊各PARTの最終スコアで判定しましょう。

PART 1 ☐ 問正解   PART 2 ☐ 問正解   PART 3 ☐ 問正解

合わせて、168問中 ☐ 問正解！

「中3英語」最終評価

0〜117問正解 ────────────▶ D判定
各PARTでC判定を受けずに、ここまで進めてきた可能性があります。
間違えた問題を総復習して、各PARTの判定を受け直してください。

118〜134問正解 ───────────▶ C判定
「中3英語」がどういうものか理解していますが、不注意によるミスが目立ちます。

135〜151問正解 ───────────▶ B判定
「中3英語」を理解していますが、時々取りこぼしがあります。
でも、中学英語の知識はほぼ完成です！

152〜168問正解 ───────────▶ A判定
あなたに栄えある「中3英語マスター」の称号を授与します。
中学英語の知識は完璧です！

あとがき
この本を読んだあと、どうするか？

　本書は検定試験ですので、ご自分の弱点をつかむための本です。ただし、私の指示に従って、「問題の解き直し・見直し」を行えば、中学英語は身に付くように工夫しました。これほど短時間に中学英語全体のおさらいができる本は、ほかにないと思います。

　本書の問題をすべて解き終わったあと、「中学英語に興味がわきました。もっと勉強したいのですが、どのような本を使えばいいでしょうか？」という質問を持った人のために、いくつかアドバイスしたいと思います。

　まえがきにも書いたように、私は会社に入って数年たったところで、突如 500 ページ近い「**英文法の本**」を書きました。この本は中学の英文法をイラスト付きで詳しく説明し、練習問題も豊富に入れてあります。タイトルは『**やさしいイラスト英文法**』(ニュートンプレス刊) ですが、古い本なので中古でしか手に入りません。そういうわけで、私は改めて中学英語の解説本を書きたいと思っています。どうか楽しみにしていてください。
　いま本屋さんで手に入る本で、お勧めなのは次の 2 冊です。どちらも信頼できる友人が書いたものです。

(1)『**大切なことはすべて中学英語が教えてくれる　英会話編**』(山田暢彦著、Ｊリサーチ出版刊)
(2)『**世界一わかりやすい中学英語の授業**』(関正生著、中経出版刊)

あ、大事な本を1冊忘れていました。しかも、私が書いた本です！

(3)『「中1英語」でここまで話せる 書ける！』(晴山陽一著、青春出版社刊)

　この本は、中学1年で習う英語だけで、メールや手紙やエッセイだけでなく、ミステリーすら書けることを証明した"驚異的な"内容の本です。
　では、この本の中から、中1英語で書いたビジネス・メールをご紹介しましょう。まずは日本文からお読みください。

> 12月19日、3時に月間会議があります。今回は会議室が3号室から5階の5号室に変更になっています。サイモンさんは2週間の出張に行っています。サイモンさんからのメールでご存知の方がいらっしゃるかもしれませんね。
> 会議後は、忘年会が開かれます。ライラック・レストランで5時に始まります。ご質問は私までお電話ください。

　では、このビジネス・メールを「中1英語」で書いてみましょう。確定した未来のことなので、現在時制で書いています。

> We are planning the monthly meeting on December 19 at 3:00 p.m. This time we changed the meeting room from No. 3 to No. 5 on the 5th floor. Mr. Simon is away on a business trip for two weeks. You know about it by his mail, I think.
> After the meeting, we have a year-end party. It starts at 5:00 p.m. at Lilac restaurant. Please call me about any questions.

　これだけのメールが「中1英語」で書けるというのは、驚きではない

でしょうか。ここで、私が6ページで書いた「ビジネス英会話の公式」を思い出してください。

《ビジネス英会話＝中学英語＋仮定法＋あなたの専門分野の語彙》

　先ほどのメールを読んだあなたは、もはや、この「ビジネス英会話の公式」の信憑性を疑わないと思います。

　本書を使って、中1、中2、中3の英語を順にマスターした読者は、すでに大人の英語を使いこなす十分なベースを手に入れたのです。

　この本を選んだあなた、そして、この本をやり切ったあなたは正しい選択をしたと思います。あなたは道半ばどころか、すでにゴールの近くまで到達しています。

　中学英語は「手強いからあなどれない」のではなく、「最強だからあなどれない」のです！

　私は英語に苦手感や抵抗感を持っているすべての人のために、心を込めてこの本を書きました。英語は、きちんと順序だてて勉強すれば、難しい言語ではありません。

　71ページに書いたように、「中1英語でペラペラ」→「中2英語でペラペラ」→「中3英語でペラペラ」を順にクリアしていくのが、最短・最強の英語マスター法です。このことを繰り返し述べて本書を閉じたいと思います。

　では、次の本でまたお会いしましょう。

校正協力●岩崎清華
本文デザイン●佐野佳子(Malpu Design)

著者略歴

晴山陽一 はれやま・よういち

作家、英語教育研究家、国際英語発音協会顧問。1950年、東京生まれ。早稲田大学文学部哲学科卒業後、出版社に入り、英語教材の開発、国際的な経済誌創刊などを手がける。1997年に独立、以後精力的に執筆を続けており、著書は120冊を超える。2010年4月より、ツイッターで「10秒英語塾」をほぼ毎晩開講。笑いに満ちたクイズ形式のレクチャーが注目を集めている。近年、セミナーの開催、語学学習アプリの開発など、活動の幅を広げている。主な著書に、『話したい人のための丸ごと覚える厳選英文100』(ディスカヴァー・トゥエンティワン)、『たった100単語の英会話』(青春新書)、『すごい言葉』(文春新書)、『気がつけばバイリンガル 英語で笑おう』(IBCパブリッシング)などがある。
〈ホームページ〉http://y-hareyama.sakura.ne.jp
〈ツイッター〉@y_hareyama

本当はあなどれない
中学英語おさらい検定

2013©Yoichi Hareyama

2013年7月25日　　　　　　　　　　　第1刷発行

著　者　晴山陽一
装　丁　者　Malpu Design(清水良洋)
発　行　者　藤田　博
発　行　所　株式会社草思社
　　　　　　〒160-0022　東京都新宿区新宿5-3-15
　　　　　　電話　営業 03(4580)7676　編集 03(4580)7680
　　　　　　振替　00170-9-23552

組　版　朝日メディアインターナショナル株式会社
印　刷　中央精版印刷株式会社
製　本　株式会社坂田製本

ISBN978-4-7942-1987-9　Printed in Japan　検印省略

http://www.soshisha.com/

草思社刊

これが解けたら気持ちいい！
大人の算数脳パズルなぞペ―

高濱正伸
川島慶 著

解ける瞬間、「わかっちゃった体験」の快感が思考力の源となる！ 考えることの楽しさを味わう算数パズルの良問全51題。大人気『なぞペ―』についに大人版が登場。

定価 1,470円

こんなにちがうヨーロッパ各国気質
―― 32か国・国民性診断

片野優
須貝典子 著

ギリシャ人はなぜ働かないのか。破綻する国、優等生の国の違いは？ 現地在住二十年の著者が実地での体験を基に描く個性的国々の知られざる社会、民族、文化。

定価 1,680円

理系の人はなぜ英語の上達が早いのか

畠山雄二 著

使える英語を身につけたいなら「科学雑誌」を読みなさい。気鋭の理論言語学者が東工大・農工大で大人気の英語講座を基に、英語上達に本当に必要なポイントを解説。

定価 1,470円

「達人」の英語学習法
―― データが語る効果的な外国語習得法とは

竹内理 著

英語学習の成功者たちは、こうして学んだ――。「達人」たちのデータから導き出された、効果的な学び方の共通点とは？ 本気で学びたい人必読の、画期的学習法。

定価 1,575円

＊定価は本体価格に消費税5％を加えた金額です。